湛庐CHEERS

与最聪明的人共同进化

HERE COMES EVERYBODY

好奇心

CURIOUS?

[美] 托德·卡什丹
Todd Kashdan 著
谭秀敏 译

浙江人民出版社
ZHEJIANG PEOPLE'S PUBLISHING HOUSE

托德·卡什丹

Todd Kashdan

乔治梅森大学心理学教授

积极心理学领军人

全世界“58 位改变我们生活的人”

“不顾一切寻找意义”

托德·卡什丹的人生就是围绕寻求意义展开的。母亲在他和双胞胎哥哥13岁时因为乳腺癌去世了，而父亲早在兄弟俩2岁那年离家出走后就再也没有回来过。母亲的突然离世让他和哥哥彻底成了孤儿，但这也开启了卡什丹的意义寻求之旅。

因为这种重创，卡什丹几乎想不起17岁之前的事情。同时，失去了来自家庭的关爱和幸福的他，也开始寻找其他替代品来填补内心的空虚。大学毕业后，卡什丹在纽约证券交易所拥有了一份高薪工作。可他始终缺乏满足感，这让他痛苦不堪，也开始更加执着地寻求人生的意义。最终，他决定把追求人生意义和幸福当成终身事业，而这又引导着他发现了人生的方向和目标。

从纽交所英才，到踏上心理学的追梦之旅

在纽约证券交易所工作时，一天晚上，卡什丹向朋友抱怨证券市场枯燥乏味，只有米哈里·希斯赞特米哈伊的书才能让他保持头脑清醒。朋友问：“为什么不去学习心理学呢？去喂饱你那如饥似渴的大脑，把股票投资放到业余时间去做。”

一语惊醒梦中人，卡什丹离开华尔街，开始了心理学的追梦之旅。他首先加入了心理学家阿瑟·阿伦的团

队，为阿伦担任免费助手，甚至为此花光了自己的全部积蓄。

1998 年，卡什丹开始在纽约州立大学布法罗分校学习临床心理学，研究社交焦虑对人的影响。此时，恰逢积极心理学的创始人之一马丁·塞利格曼当选美国心理学会主席，积极心理学迎来了蓬勃发展的机会。于是，卡什丹也将自己对焦虑的研究延伸到积极心理学领域。

成为积极心理学领军人

如今，卡什丹是乔治梅森大学社交焦虑与性格优势实验室主任、心理学教授、临床心理学家。他与积极心理学创始人之一塞利格曼一起，被《心理月刊》杂志评为“58 位改变我们生活的人”。2010 年，卡什丹获“杰出教授”称号；2013 年，卡什丹获美国心理学会颁发的“心理科学杰出贡献奖”，成为积极心理学领域的领军人物。

用尖端科学帮人们达到最佳状态

卡什丹说：“我的人生就是致力于增加这个世界上的幸福，通过尖端科学帮助人们在生活和事业中达到最佳状态。”

目前，卡什丹在乔治梅森大学社交焦虑与性格优势实验室的研究主要包含两方面：一是探索人们为什么会感到痛苦；二是探索幸福感的本质。卡什丹对如何培养和维持生活中的幸福和意义、应对压力和焦虑、保持正念、建立社会关系和进行自我调节做了大量研究，致力于发掘生活中那些被人们忽视的幸福决定因素。

经过大量的研究和实践之后，卡什丹提出了后来被广为流传的“幸福公式”。

公式中的字母分别指：活在当下（M）、有好奇心（C）、做喜欢的事（L）、为他人着想（T）、培养关系（N）和照顾身体（B）。

“幸福公式”：$(M\times16+C+L\times2)+(T\times5+N\times2+B\times33)$

卡什丹说："如何感到幸福并没有单一的诀窍，但当给生活添加这 6 种成分并正确匹配后，你就会感觉很幸福。"

作为活跃的心理学家，卡什丹还致力于让更多的人受益于自己的研究成果。他在知名心理学网站今日心理学（Psychology Today）开设了主题为"好奇心？"的专栏，拥有超过 400 万读者。他发表了 200 多篇科学文章，出版了《好奇心》《消极情绪的力量》等多部畅销书，作品被引用 32 000 余次，被翻译成超过 15 种语言。其研究被刊登在《纽约时报》《华尔街日报》《华盛顿邮报》《奥普拉杂志》《时代》等主流媒体上，英国广播公司 (BBC)、美国有线电视新闻网 (CNN) 和哥伦比亚广播公司 (CBS) 等媒体均对卡什丹进行过专题报道。

除了个人幸福，卡什丹还致力于帮助企业和组织提升员工的创造力、参与力，是美国空军、世界银行、荷美尔、通用磨坊、天联广告公司、盖普和渣打银行等组织机构与国际企业的商业顾问。此外，卡什丹更是一位优秀的演说家，至今已在 12 个国家进行了 300 多次外演讲，在 TEDx 大会上的分享一度掀起热潮。

目 录

引 言

寻找幸福人生

你最渴望得到什么？对大多数人来说，答案也许是“快乐”。我们都梦想得到快乐，也希望孩子和爱人快乐。在一项针对 48 个国家 10 000 多人的调查中，快乐被认为是最重要的因素，甚至比成功、智力、知识、成熟、智慧、人际关系、财富和人生意义还重要。

毫无疑问，尽管有时快乐看似虚无缥缈，我们却花费了大量的时间、精力和金钱去追求它。人们对快乐充满了渴求，因此一个价值数十亿美元的“自我提升”行业应运而生。这个行业里充斥着大量的书籍和音像制品，还有很多鼓舞人心的演说家、心理治疗师和精神导师。凌晨 2 点钟正是我们心理防线最脆弱而且昏昏欲睡的时候，许多电视导购节目却正极力推荐新鲜出炉的快乐秘籍。

虽然人们对快乐的追求已经被商业化了，但是快乐本身仍然是件好事。

尽管有些人否认这一事实，但是他们的看法让人很难当真。快乐本身真的是我们应当不懈追求的目标吗？我们对快乐的追求会成功吗？我们会变得更加快乐吗？对这些问题，我的回答是“不”，因为我们已经被灌输了这样一种理念，即快乐是人生的唯一目标，或者是人生中最重要的目标。

我们都知道快乐对幸福人生的重要性，但是当我们在追求快乐时，却往往失去了作为人类的复杂性。我们会忽略人生谜题的其他方面，比如人生意义、成熟、智慧和同理心。

快乐是一种对人生的感觉或判断，是测量人生是否顺利的一个标尺。但是，如果将快乐看作唯一目标，那么我们在实现这个目标之后又该怎么办呢？我们将发现自己正站在一个“追求快乐的跑步机”上，既没终点也没结果，永远也不会真真切切地感到快乐！

人们为了追求快乐而浪费的许多时间和精力其实应该得到更加有效的利用。我们不应该无休无止地追逐快乐，而应该在核心价值观和兴趣的引导下，关注如何塑造一个丰富而有意义的人生。

这并不是一本讨论“快乐”的书籍，它涉及人生、探索、感悟以及让人生更有意义等主题。从广义上来说，本书讨论的是如何创造幸福人生。

你也许对幸福人生充满了渴望：想获得快乐，想让人生有意义、有目标，想变得更加灵活、更受欢迎，想变得更加睿智、成熟，想变得成功、有创造力，想变得能够忍受人生的苦恼和困惑……

当认识到除了追求快乐，幸福的人生还意味着更多内容时，我们就会面临本书即将要探讨的一个重要问题：创造幸福人生最重要的因素是什么？

答案就是好奇心。

本书将首先讨论好奇心的基本法则，并会讨论这样的问题：如果对好奇心加以培养和利用，我们的人生将会发生怎样的变化？在第 2 章里，我们将会探讨培养好奇心的科学依据。在这一章的最后，你将会明白好奇心的性质、它能给我们带来的好处，以及它与其他积极品质和能力有何区别。你将明白，虽然你现在可能还没有强烈的好奇心，但是它却是一种可以培养的能力。

在第 3 章里，我们将会从进化论的角度来理解好奇心的起源，并运用脑科学领域的最新研究去发现好奇心与大脑的关系。当我们在进行探索和获得成长时，大脑会产生更加持久的快乐感。同时，你会了解到好奇心不止一种。好奇心有时会使人感到快乐和兴奋，是对求知的一种强烈渴望，能释放在我们心中沸腾不止的张力。但是，当你对汽车里“咔嗒咔嗒”的响声产生好奇时，或者看到脸上一块红斑就在想这是青春痘、甲状腺肿大还是癌症时，这样的好奇心却毫无快乐可言。你会发现，虽然自己并不能总是感到快乐，但是你会得到知识、技能、力量或者意义，甚至所有这些。

本书接下来的内容起着举足轻重的作用，它会向你展示人们如何把这些观点应用于实践当中并借此提升自己的幸福感。第 4 章讲述的是如何投资你最有限也是最重要的资源——时间和精力。如果能有意识地关注这种投资，就可以让我们人生中的每个时刻和各类事件变得更加有趣、更富魅力，你也会更擅长在平凡、平庸甚至枯燥乏味的事物中创造出兴趣。好奇心并不是神奇的偶然事件，也不是自然而然就可以产生的；它是在情感特征和特定行为的推动下才会出现的。在第 4 章中，你会了解一些实践策略以及这些策略的工作原理和工作方式。

在第 5 章里，我们将从如何理解并利用好奇心转移到如何加深并增强这些它们，以及如何将其转变为持久的兴趣和激情。你将会再次看到一系列具体策略，并学会如何把科学理解应用到自己的人生中。我还会提出一些方法，告诉你如何维持兴趣并且启发、激励他人。

很多书中都提到过人际关系对幸福人生的重要性，而本书的第 6 章会用一种全新的角度看待人际关系和社会联系，我认为它们是个人成长的最终源泉。首先，我会提出一种观点，即应该关注人们陌生的一面以及他们与我们的差别，而不应该关注熟悉的一面以及彼此之间的相同点。我们要首先在潜在的朋友、爱人和同事身上点燃兴趣的火花；接下来，要创造出深层次而又富有意义的联系；同时，也需要正视人际关系中出现的无聊和沉闷。关于如何改善我们的社交生活，根本没有什么秘密可言，很多科学指南和策略都已经为我们指明了：如何在长久的人际关系中维持激情和乐趣。

在第 7 章中，我对那些忽略消极方面而仅仅关注积极方面的做法进行了批判。焦虑是一种与好奇心同样有力的推动力。它既是有益的，也很令人烦恼，甚至会削弱人们的力量。我将证明，以往用来控制焦虑的常见办法非但不是治愈焦虑的良药，而且往往成为人们最大的问题。不要以为你没有受到焦虑想法和焦虑情绪的困扰，就可以跳过这一章的内容；我们每个人都注定要体验这种常见的情绪。我会进一步解释如何才能改变焦虑状况，以及如何开拓更大的空间来发现并创造意义。我和其他研究者的研究证明，成为一名充满好奇心的探索者能够缓解焦虑。

尽管好奇心有许多益处，但是有时也会带来麻烦，它会变得奇异怪诞，导致事与愿违，甚至是灾难性的后果。第 8 章将会探讨好奇心的黑暗面。很多人对性、死亡等表现出浓厚的兴趣，而这对我们的健康是非常不利的，也妨碍我们对社会做出贡献。

本书的尾声非常重要，主题是发现并追求人生意义和目标。你将了解到，我们在自我身份认同中最为核心的激情是如何发展的。与人们普遍认为的观点不同，没有证据显示人生中存在着一个预先注定的目标。相反，最新的证据表明，人生中存在着一些具体的指导方针，能增加我们创造人生意义和目标的机会。拥有人生目标是获得健康、圆满、长久人生的一条途径，虽然不是唯一的，却是最重要的途径。你也将了解到，在艰难时期，我们对世界的信念往往会迷失或被伤痛击碎，如果此时能成为一名充满好奇心的探索者，就能重新寻找到人生的意义和价值。

总之，我写本书的目的有两个方面：一是向读者展示好奇心的探索过程如何以及为何好奇心是幸福人生不可或缺的部分；二是提供一些策略，帮助读者成为充满好奇心的探索者，懂得如何在人生各个时刻获得快乐和意义，并且投资于持久的激情和幸福。

本书中所有的信息都有科学依据，其中大部分来自我自己的研究以及其他我有幸与之共事的科学家的研究。在过去的 10 年中，我研究了好奇心和新奇性对幸福的影响、有意义的人际关系是如何发展的以及如何转变焦虑情绪，本书就是关于这些研究的总结之作。

作为一名临床心理治疗师，我时常与遭受焦虑、抑郁、创伤或毒瘾折磨的人打交道，因此本书也包括了我在这一过程中获得的认识和体会。在我的职业生涯中，我一直在思考一个问题：到底什么才是幸福人生？本书正是对以下问题的解答：如何成为一名充满好奇心的探索者？如何构建一个充满意义的人生？

我希望在阅读本书之后，当有人问你最想从生活中获得什么时，你不再不假思索地说“我最想要快乐”，而是回答说，“我想变得充满好奇心，做些有意义的事情”。

那么，在正式开始你的好奇心之旅前，不妨先对自己“摸个底”，做一做好奇心程度测试吧！

测一测 你的好奇心程度是怎样的

下面的《好奇心和探索量表Ⅱ》（*Curiosity and Exploration Inventory Ⅱ*）能检验你的好奇心程度。仔细阅读测试题中的每一句话，然后根据你对这句话的同意程度，圈出相应的选项。你需要依据现在的状况来回答，而不是依据你的主观愿望或是对未来的设想。你的回答一定要忠于你的真实想法。

1. 我经常从新环境里积极地寻找尽可能多的信息。

A. 非常不同意
B. 有点儿同意
C. 同意
D. 很同意
E. 完全同意

2. 我很喜欢日常生活中的不确定性。

A. 非常不同意
B. 有点儿同意
C. 同意
D. 很同意
E. 完全同意

3. 我很善于做复杂的或有挑战性的事情。

A. 非常不同意
B. 有点儿同意
C. 同意
D. 很同意
E. 完全同意

4. 无论去哪里，我总是在寻找新鲜事物或新体验。

A. 非常不同意
B. 有点儿同意
C. 同意
D. 很同意
E. 完全同意

5. 我把有挑战性的事情当作成长和学习的机会。

A. 非常不同意
B. 有点儿同意
C. 同意
D. 很同意
E. 完全同意

6. 我喜欢做有些吓人的事情。

A. 非常不同意
B. 有点儿同意
C. 同意
D. 很同意
E. 完全同意

7. 我总是寻找一些经历来挑战我对自己和世界的看法。

A. 非常不同意
B. 有点儿同意
C. 同意
D. 很同意
E. 完全同意

8. 我更喜欢难以预测又令人兴奋的工作。

A. 非常不同意
B. 有点儿同意
C. 同意

D. 很同意
E. 完全同意

9. 我经常寻找机会来挑战自己并获得成长。

A. 非常不同意
B. 有点儿同意
C. 同意
D. 很同意
E. 完全同意

10. 我喜欢接受不熟悉的人、事和环境。

A. 非常不同意
B. 有点儿同意
C. 同意
D. 很同意
E. 完全同意

好奇吗？快来扫码看看你的好奇心究竟如何吧！

CURIOUS?

DISCOVER
THE MISSING INGREDIENT TO A
FULFILLING LIFE

第一部分

探秘好奇心

第1章

我们为什么不快乐

表面看来，好奇心无非就是人们被新鲜事物吸引时所产生的感觉。比如，在驾车进行长途旅行时，途中经常有一些路标广告吸引着我们下高速路，前去参观地下洞穴，或是进行一次即兴之旅。车上的人们对这样的广告可能会有不同的反应——孩子们会兴奋地高声尖叫，老人会对任何遮挡窗外风景的东西都恨之入骨，而你则会犹豫是否真的要花钱来满足这种天真的兴趣。你也可能有过这样的经历：一个奇怪的书名让你迫切想知道书里面的内容，或者，当你经过一辆德劳瑞恩（DeLorean）汽车时，被它正在向上掀起的鸥翼车门深深吸引。通常，人们认为好奇心是意外碰到某件趣事时才会产生的。

好奇心的确能把我们的注意力吸引到有趣的事情上，但是这种理解过于肤浅。我和其他人的相关研究都表明，好奇心是一种更深层次、更复杂的现象，它在我们追求人生意义的过程中起着非常关键的作用。

人们普遍都有一个错误的观点，即一旦某件事物在日常生活中变得司空见惯，我们就失去了一个获得新知的机会。当某事变得熟悉起来，并且可预知时，我们就不再重视，并渐渐对它熟视无睹。也就是说，一旦觉得对某事已经非常了解了，我们就会停止对它继续关注。

新奇事物就大不一样了。我们经常关注不熟悉的事物，并且能倾听陌生人的谈话，这是因为它们能抓住我们的注意力。但我们却忘记了新奇性总是存在于当下。其实，从不熟悉的事物和熟悉的事物中都能学到很多东西。比如，没有哪两次拥抱是一模一样的，没有哪两家比萨店会用完全相同的方式来切比萨饼，我们每看一遍电影《教父》都会有新的感受，类似的例子真是不胜枚举。保持好奇心就是要发现新奇性，并抓住它们带来的欢乐和意义。

好奇心之所以常常被人们忽略，还有一个原因就是，它在我们欲望的表象之下运作。好奇心并不像“积极思考、乐观开朗、感激之情、善良仁慈或感觉良好”一样简单明了，它与我们的思维和感觉有关。**好奇心不是指人们是否注意到当前所发生的事情，而是指如何对这些事情加以关注。**

过去和将来只不过是现实的一种象征性表现，表现形式分别是印象（过去）和梦想（将来）。真实的事件确实发生过，但是一旦结束，它就会变成虚幻的现实。这种象征性表现也不是一成不变的，它们也在不断变化。当你翻看影集里的相片时，你会重新构建起回忆。我们会根据已有的陈述来编织自己和他人的故事。比如，西奥多·罗斯福到底是个什么样的总统？他是一位罕见的、直率坦诚的总统，还是一位自以为是而且容易冲动的总统？比如，他大白天也敢在白宫后面的泳池里裸泳，他用猎枪猎杀了数百头动物，他重拳打击警察界的腐败，他还是一位环保勇士，创建了国家公园系统。历史总是被不断改写，过去也在不断发生变化。

人们的情绪总在变化，因此对过去的看法也在随之发生改变。至于未来，它仍然是不确定的，任何事情都有可能发生，而且人们对未来的预测也常常出现错误。我们所能做的只是为将来做好准备，并做好当前能做的事情。

只有活在当下，我们才能自由自在地去做自己想做的事情，真正自由的时刻是少之又少的。而当我们怀有好奇心时，就能对当前时刻进行探索，就能对正在发生的事情保持敏感，而不用在乎它与之前的样子（过去）或者与我们所期待的样子（将来）之间有何种差异。活在当下，关注当下。我们充满活力，开放宽容，不断地寻找新机遇，获得新发现，并为自己的人生增添意义。我需要再次重申，重要的不是我们有没有留意，而是如何留意。

如果我们心态开放，并且充满好奇心，就会觉得日常生活中即使再平凡无奇的琐事也充满乐趣。为什么走在超市里，却总是无视四周货架上琳琅满目的商品呢？其中一个原因就是我们对这些商品丝毫不感兴趣。也许是因为我们曾多次去同一家商店，因此觉得毫无乐趣可言；也许是因为我们本来就很讨厌购物。如果提前列好一张购物清单再去超市，我们就会集中注意力去搜寻所需的商品。这也是超市老板常常用各种各样的广告宣传来吸引顾客视线的原因。如果没有任何引导，我们的内心世界和外部世界会变得更为纷繁复杂。此时，如果愿意的话，好奇心可以帮助我们。

如果乐于接受未知的新鲜事物，我们就会有意识地在商店里找到很多有趣的商品，比如，我们有可能为挑食的孩子找到某种新奇的食物，为周末发现某种美味佳肴；即使有可能买到一些不合口味的食物，那也不过就浪费了几美元而已。不管怎样，虽然我们对未知事物一无所知，但是只要乐意进行探索，而且当机遇来临时能够当机立断，我们就可以从中获得很多乐趣。

什么塑造了我们的能力和身份

除了能够改变细微时刻，好奇心也能帮助人们建立起一种亲密联系，让人变得更有洞察力，并且找到人生的意义。把握好奇心的最好方法就是去亲自体验。我们来看看斯泰茜的故事。我是通过一个朋友与她相识的，朋友把她描述为一个戴着一副顶级建筑师面具的孩子。我想对她的热情做进一步的了解，于是便相约见面，地点就位于弗吉尼亚的蓝岭山（Blue Ridge Mountain）附近，这里正在建一座巨大的豪宅，斯泰茜曾受聘担任这项工程的顾问。

我们在树林里走了很长时间，我仔细观察着她的一举一动。我问她，是什么使她对建筑设计如此热爱。“土地，还有土地起伏的方式；你如何使它转化为资本；房屋应该如何建造；如何才能避免砍掉太多的树木……”

她不时地提出自己的看法：“我是说，这些树大都是什么品种？你知道这儿的土壤有多深吗？你能否在这块地里挖井？毕竟地下有很多页岩和石灰岩。”我还没有向她提出问题，她就说出了一些想法：

> 我认为一座房子应该与它脚下的土地存在一种亲密联系，你不觉得吗？房子应该与环境保持和谐一致。我是说，想想那些曾住在这里的人们，想想他们怎样生活。当他们建造房屋时，他们把房屋建造成这种样式肯定是有原因的，而且使用的都是当地的材料。现在，我们对世界各地的建筑设计样式都有所了解，但是我们能把那些样式应用在这里吗？

如果你也有斯泰茜这样的视角，你就会明白好奇心是如何塑造我们的灵魂和人生的。它不仅是人们对当下的一种良好感觉，也不仅是指如何利用当前的新奇事物，它更是一种人生态度。

西尔万·汤姆金斯（Sylvan Tomkins）是社会心理学领域的先驱，也可能是对积极情绪进行探讨的首位研究者，他的研究比“积极心理学”运动的出现还要早 35 年。他相信好奇心有着重要的进化意义：

> 好奇心对思维和记忆来说十分重要，好奇心缺乏……会危害智力的发展，其严重性丝毫不亚于脑组织受损……没有持久的好奇心，就无法获得

任何一种人类能力。

他提出这一观点之后，人们做了大量研究来证明这一观点的正确性。如果想更轻松地找到幸福并且维系幸福，我们就需要充分利用好奇心。借用汤姆金斯的一句话："我，只有我，才能让自己兴奋。"那么，这一原理是如何起作用的？如何才能更加全面地理解和运用好奇心的价值？让我们来看看这个观点背后的科学基础。

好奇心天生就存在于我们的大脑之中，它有一项特殊的功能，可以推动我们去探索、发现、成长，也为人类的自我进化提供动力。如果没有好奇心，我们就无法维持注意力，就会努力绕开危险，放弃有挑战性的任务，智力发展就会大打折扣，我们也就无法获得能力和力量，与他人交往的能力会受到限制，而且最重要的是，我们会变得停滞不前。

回顾历史上的成功人士，我们会发现：是好奇心激励着他们开阔自己的视野；他们所获得的伟大成就至少可以部分归功于好奇心。无论是科学家、艺术家、建筑师、政治家、总裁、小商店老板、广告公司经理、教师还是试图有所发现的每个人，都印证了一点：好奇心是人类进步的强劲动力。

好奇心是构建一个快乐而有意义的人生所必需的一部分。明白了这一动力的作用，就能更好地理解人性。

为什么好奇心如此重要？**首先，好奇心能大大激励人们，尤其当人们对新经历和新信息有着浓厚的兴趣或者偏好时。**只要心怀好奇，即便有时会感到焦虑和不适，我们也会勇于冒险。有些人能更好地应对新奇事物，并能在这个不可预知、充满不确定性而且极不稳定的世界中游刃有余，我把他们称为"充满好奇心的探索者"（curious explorer）。他们非常喜欢接受挑战，勇于冒险，对新鲜事物总是充满渴望。

其次，好奇心能帮助我们从新经历中提取并总结出经验和意义。当我们探索鲜为人知的新世界时，我们必然也在学习。运用好奇心的终极目标就是提高人们现有的知识、技能和能力，这种提高能帮助人们更好地理解自己以及周围的世界，解决日常生活中的挑战，并且增强解决问题的能力。

一旦抵制住对确定性的渴望，我们就会发现，只有质疑权威、质疑现状、质疑自己的信念甚至质疑一切时，才会获得最好的回报。有时，我们可能希望某些事物能一直存在下去，渴望在对这些事物进行探索时获得激情，产生积极有益的情感。但也有时，只有获得一直梦寐以求的体验时，我们才能感到兴奋或心满意足。我们只能经历一次人生，只有排除眼前的障碍，才能顺利出发。

谁偷走了我们的好奇心

孩子在刚一出生时就拥有无限的好奇心。起初，婴儿在看到色彩明快的物品、听到母亲声音的细微变化或者看到出现在他们视野中的任何东西时，都会感到兴奋不已。他们从来不缺乏兴趣，可以一连数小时盯着旋转的风扇看个不停。随着年龄的增长，孩子们的各种感官得以发展，他们的好奇和兴奋点也随之扩展，会进一步尝试探索外面的世界，甚至相信每个壁橱和每个抽屉里都隐藏着值得探索的神秘之物。生日和节日时的礼物包装盒在他们眼中跟礼物一样有趣。儿童寻求着对这个复杂世界的更深刻的理解，而游戏就是他们认识未知事物的好机会。

但这种充满了天真和勇气的探索过程却困难重重。社会就是一大阻碍，它为人们设置了烦琐的规则和规定，严重抑制了人们好奇心的发展。大人们不停地教导孩子："现在就做，有问题以后再说。""离陌生人远点儿。""不要辩论有争议的话题。""不听老人言，吃亏在眼前。"在学校里，孩子不是在学习历史、科学和文学，而是要学会如何在标准化的试题中考取高分。孩子们对知识死记硬背，根本无法体会探索全新未知领域的快乐。他们没有机会触摸一下袋鼠妈妈的育儿袋、畅想恐龙统治着地球的那个时代，也不能研究那些看似虚无缥缈的学说，如低温冷冻获得永生等。

规则确实有些用处，能提供框架，帮助我们避免茫然和犹豫不决。但是，规则也限制了我们的自由。生命的意义在于扩展能量。**遵从指令只会节省能量，唯有遵从我们自己的方向才能扩展能量。**

权威并不鼓励我们对自身和自己的兴趣多做了解，而是一直教育我们要尽可能早地做出人生决定，以免在实现目标的过程中浪费掉许多宝贵时间，比如在选择专业、工作就业、建立家庭等方面。其他兴趣爱好是否受到限制并不重要，重要的是我们能否“有些成就”、能否“养家糊口”、能否“不只顾着贪图享乐”。

我们也生活在恐惧之中。头版头条总是充斥着负面新闻：恐怖主义、绑架儿童、信用卡和互联网诈骗、疯牛病、性侵、坠机事件、杀人蜂、鲨鱼袭击、轮胎召回事件……结果，我们所做的一切就是要尽量远离这些危害。

这样的患得患失也存在着风险。我们的行为不是由所做的事情支配的，而是由不想做的事情支配的。我们害怕恐怖分子的袭击，害怕孩子遭到绑架，害怕学校里出现一个持枪的疯子，然而这些事情发生的概率简直微乎其微。

大多数人都高估了风险、失败和危险，却大大低估了好奇心的价值。是时候夺回被我们忽略的力量了！我们可以也应该选择自己想要的生活。你是想活在恐惧之中，渴望着安全的庇佑，还是要在追求满足、成长和意义的过程中勇敢地面对风险和焦虑呢？

充满好奇心的人并不是对风险和焦虑视而不见，而是乐于做那些有意义的事情，即使在面对风险和焦虑时也是如此。如果我们能丝毫不带主观期待或臆想地正确看待事物，结果将会怎样？当我们决定如何度过闲暇时间、选择何种职业、与谁相伴厮守时，如果能依据自身的好奇心做出决定，结果又将会怎样？

好奇心能帮人们获得最重视、最珍爱的事物。人们也可以重获儿时对未知事物进行探索或嬉戏时的快乐。我们已经不再是孩童，我们本身固有的好奇心并不会轻易地或自然而然地出现，但是，可以试着了解这些障碍，勇敢地面对它们，直至最终克服障碍。我们可以通过培养好奇心来改变人生，更加接近梦想。若想发挥自身的潜力，就要依赖好奇心。

当然，对快乐而富有意义的人生来说，好奇心并不是唯一的途径。即便如此，我们也很难发现好奇心在人类生活的哪个领域中没有起到重要作用，科学技术、职场、商业、体育、教育、政治、艺术审美、自我反省、个性发展、人际关系等，凡是你能想到的概莫能外。在几乎所有领域中，永葆好奇心都是最值得我们为之付出时间和精力的。

这并不是毫无根据的妄言。阅读本书时，你将会发现书中的各个观点和我得出的结论都有大量的科学研究作为支持，其中很多研究仅为学术期刊的读者所知，很少被用来指导我们的日常生活。因此，本书将提供一些非常有用的工具，来帮你重新发现隐藏在内心深处的探索之心。

哪种人更能轻松适应变化

好奇心和各种新策略能否带来持久的幸福感呢？有人对此持怀疑态度，这情有可原，因为我们在应对人生中的变化时，都展现出了迅速调整自己心情和情绪的惊人能力。科学家把这种能力称为“幸福设定点”（set-point）。除了一些极其不幸的事件（比如丧偶、残疾、重病或失业）之外，人们都能迅速适应人生中的各种变化，并逐渐找回原有的感觉。这一典型情绪是由基因决定的，不受我们控制，而且除了一些重大的人生起伏，很少有什么事情能对其产生影响。

这是一种神奇的力量，它可以防止我们深陷于挫折和悲剧之中无法自拔。人生中充满了各种各样的不愉快，你也许会被拒绝，也许会在一些大事上遭受失败，也许会不止一次地生病或受伤，但是，人们最终都能够克服大多数挫折并迅速恢复活力，这是多么神奇的力量啊！

人们通常都想对发生在自己身上的事情进行预测、理解和控制。毕竟，如果我们对某件事不做个了结，就有可能因无法做出决定或得出结论而心神不宁。尤其当不幸的事情发生时，对它做个了结似乎是个不错的选择，因为这会让我们感到安心，也会给我们带来安全感、自信和智慧。

但是，当积极事件发生时，人们会有什么样的反应呢？比如，当你的伴侣亲吻你，对你说“我想和你一辈子在一起”时，你也许会感受到爱的震颤。再比如，当你得到别人的善意帮助、学会了某些新知识、完成了某项艰巨任务或与人们拥抱亲吻时，你会体验到感激之情。但是，如果对这种积极事件做出清晰解释并得出定论，就会抑制并缩减我们的积极情感。而且我们大脑中被新奇经历和愉悦感受激活的那些部分，以及人们用以对周围事物做出理解的神经连接也都会因此戛然而止。也就是说，当我们给积极体验贴上标签，并把它们收藏进先验知识的储存库里时，积极体验就会随即终止。

因此，我们面临着一个重要的问题：我们有可能调高“幸福设定点”并不断提升幸福感吗？答案是肯定的，关键就在于好奇心。单纯地保持乐观心态或充满希望，就很容易发生适应性变化。当人们试图改善其他品质，比如善良、宽恕、幽默、勇敢或热情时，也会得到同样的结果。

如果想延长积极体验，想拥有更加幸福的人生，就需要一个全新的心态。我们应该充满好奇心，不再苦苦追求定论和确定性。新奇性和不确定性，是我们千方百计想要摆脱的东西，但它们也恰恰可以防止我们做出调整，重返日常轨道。只要某事仍然保持新颖，我们就会不停地寻找并创造意义。当某事仍然具有不确定性时，就可能产生多种结局。只要结局仍是未解之谜，事情就会继续下去。

好奇心与实现幸福的其他方式不同，它是对新鲜事物的欣赏和追寻，使人们充满灵活性，能从熟悉事物中找出新奇和新鲜的一面。作为充满好奇心的探索者，我们都喜欢不确定性，而不是去拼命地解释世界、控制世界。人生是一个发现、学习并成长的快乐过程，而不是追求确定性和信心的过程。没有什么问题亟待解决，人们也没有必要为了避免不确定性带来的紧张情绪而感到惶恐不安。我们并不会想当然地对待那些积极事件，而是要对它们做进一步的调查和探索。近期的科学研究表明，当人们勇于体验各种新经历时，当人们在待人接物方面能保持灵活性时，当人们重视未知事物远远超出已知事物时，积极事件就会持续更长时间，人们就能从自己的世界中汲取更多的快乐和意义。这本书就是要释放你潜在的探索之心。

好奇心是探索的终极动力

作为一名临床心理学家，我曾对许多遭受精神问题困扰的儿童和成人进行过治疗。其中有些患者觉得生活毫无意义，甚至选择以自杀的方式来解脱，这让我到今天都无法释怀。在治疗过程中，我学会了如何才能活得充实而有意义。有些患者在治疗中表现出的绝望正是来自他们所遭受的痛苦。他们希望能远离痛苦，因此把自杀当成自我逃避的最终解决办法。但是，痛苦并不是引起他们自杀念头的根本原因。人们想要自杀，是因为他们缺乏积极性，无法找到活下去的理由，觉得自己的人生缺少意义和目标。

这一发现成为我思想的转折点。我之前一直沉迷于对人们存在的各种问题进行描述，并把这些问题分门别类地进行分析，而忽略了人们的积极体验和力量，这严重影响了我对人性的理解。正如其他致力于帮助患者解决问题的心理治疗师一样，对积极方面的忽略和对消极方面的关注使我忽略了人性中积极的那一部分。

在治疗结束一年之后，我与这些患者重新取得了联系，我发现，虽然很多人都没有或很少表现出之前曾经让他们备感无助的那些问题，但是绝大多数人看起来并不幸福，甚至看似非常迷惘。我的很多老患者都过着一种模式化的生活——起床，工作，看电视或玩电脑，睡觉，然后是周而复始的重复。很少有人能向我讲述那些能深深触动他们心灵的事情，比如婴儿的出生、动人的婚礼或者亲人的离世。我强烈地意识到，仅仅关注心理学家所指的“现存问题”是远远不够的。我们需要把积极体验也作为我们的研究对象，这样才能平衡消极体验所带来的负面影响。

但是对积极方面的关注只是一部分，我需要一个更加复杂的模型，这个模型能够反映出我所认识的人以及我治疗过的患者的真实人生。在片面关注积极体验和积极能量的研究中，积极心理学研究者低估了消极情感、不确定性和压力的重要性。消极的思想和情感绝对不能被忽略或回避。有效地处理痛苦和压力，对创造丰富而有意义的人生来说是非常重要的。

如果想寻找一种毫无压力的人生，你会发现几乎找不到令人满意的答案。**应对消极体验，并且在心理上变得灵活多变，往往是获得高峰体验和个人成长的跳板。**我们要同时面对积极方面和消极方面，如果缺少其中任何一方，我们都无法把握住人生的价值，也无法获得令自己满意的幸福人生。

第 2 章

好奇心是通向幸福的必经之路

有人曾问爱因斯坦，他到底有何与众不同之处，爱因斯坦并没有夸耀自己的才智、职业道德、快乐或者人际关系，而是提到了自己的好奇心。他说他的成就主要归功于在日常生活小事中所获得的发现。大多数人都把这些小事当成是理所当然的，但是他总是就未知事物提出一些问题，而且也非常享受解决问题的过程。他对广阔的未知世界进行研究探索，不断地提出问题，并在这一过程中充满了动力，这种动力与他寻找确切答案时的动力同等重要。爱因斯坦这种简单专注的生活方式，在现实中却并不常见。

虽然我们可能天生没有爱因斯坦那样强烈的好奇心，但是当运用好奇心时，我们的大脑也会变得更加充实，人生能变得更丰富多彩。45 岁的驯狗冠军本就是一个很好的例子。

本是一名成功的辩护律师，年纪轻轻就成为一名法官。他所在的法庭专门受理退伍军人的诉讼，因此他每天都要处理多件退伍军人的上诉。这些军人曾经为国家效力，但他们认为自己并未受到公正的对待。本的工作做得非常出色，可他却感到自己对这项工作缺乏热情。工作带来的压力和紧张让他越来越想逃离他的职业。我见到他时，他已在多年前就开始尝试发展多种兴趣了。他参加过钢琴课和普拉提课，后来又买了一只特弗伦犬，起名叫“雌狐”。当时，本压根儿想不到购买这只犬将会是他人生的一大转折点。从此，他的生活展开了新的道路，他的性格也因此发生了巨大变化。

一位饲养员帮助本训练雌狐，雌狐成了本的好伙伴。他们的训练越来越频繁。在一次训练课上，饲养员提到特弗伦犬是一种著名的牧羊犬，“特弗伦”这个名字就来自一位训练这种牧羊犬的农民。本一时兴起，拿起电话报名参加了一周一次的牧羊犬训练课程。这件与他的工作风马牛不相及的事情让旁人大跌眼镜。我问他为什么喜欢牧羊犬，他说：

> 首先，教我驯狗的那个人非常棒，我很敬重他和狗之间的亲密联系——他简直就是个“狗语者”。对我来说，当我训练雌狐时，我的大脑会高速运转。当我给它下达指令时，大脑需要与我的情绪和身体的状态保持一致。同时，我必须时刻留意雌狐想对我表达什么意思。也就是说，我必须一直注意我们的周围，适时做出调整，还要优雅地使用我的肢体语言，又不能被评委注意到。
>
> 假如之前我听说某人历尽千辛万苦终于成为一名法官，但却把大部分工资都花费在牧羊犬训练课程上，我肯定认为那是个疯子！但我现在真的就是这种情况。

他与雌狐一起接受训练，这使他远离了法庭上的压力和挑战。本开始在早上醒来时觉得精力充沛，他的新爱好也对他的本职工作产生了影响，其他人都注意到了他迸发出的热情。不管是雌狐起了作用，还是他对新经历的拥抱起了作用，抑或是两者的共同作用，本的人生正在发生变化，他的个性得到了发展，他的人生正在朝着更好的方向前进。

好奇心是成长的引擎

如果我们能注意到好奇的天性并且乐意接受它，就会获得许多意外发现。如果本在年轻时被告知他长大后要训练牧羊犬，他肯定会对此嗤之以鼻。我们总是很轻易地与陌生领域中的大好机会失之交臂，总是把探索新鲜事物推迟到将来的某一天。但是，我们在等待什么呢？等待热情消退？等待退休？为什么要坐等大好时机来给你的生活增添色彩？为什么要等到热情退去？为什么要等到退休？

本向我们证明了好奇心是所有人都可以拥有的，也是任何时间都可以利用的。当我们对某事感兴趣时，比如交友、购物、挑选菜谱或者查询某个单词，好奇心就会起作用。当我们积极地给平凡无奇的日常生活注入各种色彩时，好奇心就在起作用。细微的变化，比如把 4 种不同的麦片混合在一起，或者改变我们平时的跑步路线，就能够提升日常生活的质量。这些经历可以改善思维，从而进一步提高我们的生存能力，我们就可以在这个未知事物远远多于已知事物的世界中更好地生存。

但是，好奇心并不是不费吹灰之力就可以自发产生的体验，它是一种与我们的性格密切交织在一起的强劲推动力。所有人都不同程度地在好奇心的驱使下寻找新鲜事物和未知经历。尽管你会觉得确定因素和对环境的牢牢掌控能给你带来快乐，但是通常情况下，不确定因素和各种挑战才能给你带来最深远和最持久的价值。下面这个推理能告诉我们，好奇心是如何成为成长的引擎的：

- 通过好奇心，我们会进行探索。
- 通过探索，我们会有所发现。
- 当获得满意结果时，我们就想重复这一过程。

- 通过重复这一过程，我们会发展自己的能力。
- 通过发展能力，我们会提升自己的知识和技能。
- 随着知识和技能的提升，我们会延伸和拓展自己和自己的人生。
- 通过处理新奇事物，我们变得更有经验、更加聪慧，也为自己的人生注入更多意义。

好奇心会带来更多的好奇心，因为我们知道得越多，就越关注细节，也越来越意识到哪些事物需要我们继续学习。这是为什么呢？在探索未知事物时，我们的观点会发生改变，也开始意识到之前并不明显的空白。

攀岩就是一个鲜明的例证。初学者总是喜欢依赖自己的直觉。他们的目标就是让自己别从岩壁上摔下来，于是他们总是紧紧地贴着岩壁，用上半身的力量把身体向上提升。但是在征服了几个峰顶之后，他们就会掌握一些与直觉相反的技巧。比如，为了避免打滑或掉落，你可以让身体远离岩壁，这样看起来很容易掉下去，但事实上你的双脚可以获得更大的着力面积，你会抓得更牢，掉落的概率反而变小了。

攀岩者感到手脚更加灵活之后，就开始寻找新的落脚点和抓握点。以前他们只会寻找那些突出的石头，现在他们的手指更加强壮，可以将手指或脚趾伸进裂缝来固定身体。专业技能让他们发现了更多的机会，从而变得更富创意。

好奇心并不总是带来令人愉悦的探索经历，它也并不只是一种螺旋上升、能让人们达到预定目标的探索过程。有时，好奇心也会带来苦恼，与其说我们是在好奇或兴趣的推动下进行探索，不如说是渴望得到一个确切的答案。

我们渴望那些能帮我们填补空白的确切信息，那样我们才有成就感。比如，一个成年人正在绞尽脑汁地思索着字谜游戏的最后几个答案，一个中学生为了完成写作任务而阅读卡夫卡的作品，一个经理想对员工的能力进行了解从而最大化他们的生产力。我们经常因为紧张而提出大大小小的问题，比如，我会不会像我的父母一样得帕金森综合征或亨廷顿舞蹈症？我的婚姻能否维持下去？

有时，我们的探索过程是为了获得快乐，而有时却是为了释放压力并寻找意义。但无论何种情况，找到答案并不是好奇心的终点。获得的知识和技能越多，人们就越容易发现更多的缺点，就越想探索更多的问题。

不确定因素让快乐更持久

迪帕克·乔普拉（Deepak Chopra）是一位精神和意识领域的著名作家兼教师。他在一次电话采访中谈及自己的日常生活，是这样来赞扬好奇心的：

> 我早上醒来，希望今天比昨天有更多的不确定因素。
>
> 我们生存、呼吸、行动的世界是未知的，但我们一直认为它是已知的。
>
> 如果人生中充满了一系列永恒的惊喜，那么这真是最快乐的人生体验。

大多数人都不知道这些。我们没有意识到，与从熟悉的事物中获得的快乐相比，了解未知事物的过程带给我们的积极体验会更强烈、更持久。有很多证据能支持这一观点。

实验探秘

在某项实验中，口渴的被试在喝水（愉快）或喝“酷爱”牌饮料（更愉快）的时候接受了脑部扫描。一部分被试被告知他们将要喝什么、什么时间喝（确定因素），而其他被试则被蒙在鼓里（不确定因素）。当被试得知他们将要喝东西但是不知道具体喝什么的时候，他们大脑中与积极情感相关联的大脑回路会突然间变亮。就像赌场中许多赌博者虽然在老虎机前一连玩了 8 个小时，但是每次拉下拉杆时都会因为对获胜充满期待而兴奋不已，不确定因素会提高积极事件带给我们的快乐程度。

我们的预期会对我们的感觉产生影响，而突如其来的好消息会让人更加快乐。在奥运会期间，有些运动员非常期待获得胜利，而有些运动员并不期望获胜，他们只是享受竞争的乐趣。科学家的研究表明，两者相比，后者在获得银牌之后表现得更快乐。

幸福感不仅是指人生能带给我们何种礼物、多少礼物。**当我们对即将发生的事情和结果感到惊奇和不确定时，就能获得某种独特而有意义的东西。**

有趣的是，从何处获得最强烈、最持久的快乐和人生意义，我们对此常常一无所知。心理学家提摩西·威尔逊（Timothy Wilson）感兴趣的一个话题是：为什么陌生人表现出友好让我们更容易记住？是出乎意料的礼物或善意让我们深受触动吗（毕竟从小大人就教育我们要远离陌生人）？或许“随意”的友好行为更有意义。当我们没有预料到某人会表现出善意的举动，也无法对其原因做出解释时，这种神秘感会加深我们的快乐感，并能改变我们看待世界的方式（也许人并不总是那么坏）。这些惊喜时刻为“意义的创建”提供了机会。

实验探秘

威尔逊的研究团队来到一所大学校园，向学生们分发上面粘有一美元硬币的卡片。所有的卡片上都有“微笑社团”的字样，但是有些学生拿到的卡片上面详细描述了这个奇怪社团的信息，即这个社团的理念是要用微笑点亮人们的生活。而有些学生的卡片上则没有任何说明信息，他们不知道为何得到这一美元，但是他们对这个意外的礼物反而更加高兴，而且这种感觉会持续得更久。神秘感有助于提高他们的积极情感。

在另一项研究中，被试并没有得到粘有一美元的卡片，而是被要求想象一下，如果他们得到一美元硬币的话会有何感想。其中一半被试被告知是什么人给他们硬币以及目的是什么，而另一半被试则仅被告知陌生人的姓名。当被问及他们可能会有何种反应时，那些得知分发者信息和原因的被试表现出了更强烈持久的积极情感，而那些不知详情的被试却表现出失望的情绪。被试认为，明白即将发生的事情对良好的情绪非常重要。

这些研究发现非常有意思，它们表明，我们觉得能带来快乐和意义的东西经常恰恰与事实相反。我们的错误预期会产生实实在在的影响。如果我们觉得有必要对一切都有所了解，要准确地预测未来或者掌控一切，我们就会停滞不前。如果我们只喜欢从事自己舒适区内的事情，我们就会低估能带来快乐和人生意义的两大重要源泉：新奇性和不确定性。

好奇心与确定性之间的矛盾

表面看来，好奇心与对确定性的需求都可以帮助我们收集信息，也都是对我们人生经历的反映。但是，如果再深入发掘，你就会发现，我们对待世界、对待他人和对待自己这三者之间存在着一些重要差异。当我们充满好奇心时，我们会乐于通过探索来拓展自我；当我们寻找确定性时，就是在寻找最终定局。我们希望在研究时提早得出结论，因为这样的话，我们对将要做什么以及怎样做就会感到信心满满。为此，我们往往忽略了充满好奇心的探索者所特有的开放性和认知能力。通过以下对比，可以发现一些差异：

- 好奇心创造可能性，对确定性的需求会减少可能性。
- 好奇心创造能量，对确定性的需求会消耗能量。
- 好奇心使人们进行探索，对确定性的需求使人们得出结论。

- 好奇心使人们前进，对确定性的需求使人们不断地重复。
- 好奇心创造人际关系，对确定性的需求会让人们互相提防。
- 好奇心与发现有关，对确定性的需求与正确性有关。

我需要说明：如果我们一直都在追求确定性，也不必感到尴尬，更不必批评自己。环境常常会使我们的视野变得狭窄，对确定性有更多的渴求，比如在特别吵闹的环境中（无法清晰地思考）或者时间紧迫的情况下（过度关注完成任务而不是怎样做好）。在这些过度刺激的环境中，我们被封闭起来，只想着如何存活下去，而没有考虑如何获得发展。

他人和社会也向我们传达这样的信息：如果能充满确定性并果断坚决，能找到问题的答案和结论，或者有可能的话，能避免模棱两可和紧张情绪，我们就可以从中获益。这不正是你最想从喜欢的新闻主播和记者那里得到的吗？他们会告诉你如何投资、如何在飓风季节安排出行计划，或者如何保持健康并预防可怕的疾病。这不正是你最想从汽车修理工那里得到的吗？他会告诉你汽车里的咔嗒响声是怎样造成的。当他们给你指出问题时，你就会得到安全感。

但是，想要得到安全感和信心就需要付出代价。我们常常在寻求信息的过程中过早地停止寻求。事实上，我们很快就变得思想封闭，甚至当我们的信念有可能错误时，我们也会努力保护它。如果有人和我们看法一致，我们就会对他加以称赞；如果有人质疑或挑战我们的观点，我们就会批评、攻击或贬低他。

好奇心的缺乏可能导致下列问题：

- 观点模式化和歧视，极端情况下会导致仇视情绪甚至暴力。
- 信心膨胀和无知，导致决策失误。
- 教条主义和思想僵化，这与心理灵活性恰恰相反。

我们需要对确定性保持警惕。对确定性的寻求会导致我们的信念和决策过早地具体化，其结果就是我们会停止考虑新的信息，长远来看，这会对我们造成伤害。我们发现一个颇具讽刺意味的现象，即相关研究表明：**人们对确定性的需求越大，就越觉得自己的观点是正确的。**

难道你希望找一位思想封闭，甚至拒绝把你与以前的相亲对象区别开来的伴侣？难道你想把选票投给一个即使能使自己变得更精明睿智也会坚决拒绝新知识和新发展的政治家吗？同样的情境也适用于家长、医生、科学家、陪审团、公司经理等。唯一能确定的是：事物总是在不断地变化。如果无法认识这一事实、无法接受新事物或对新事物充满好奇心，我们就会停滞不前，甚至常常出现更糟糕的后果。

好奇心的三大特征

解放人们的思想

我的一个学生第一次和男朋友去看曲棍球比赛的时候，惊讶地发现平时很安静内向的恋人竟然冲着裁判大吼大叫，并与其他球迷发生争执，甚至还从座位上跳起来愤怒地指责球员。这次经历让她十分震惊，当她向男友问及此事时，他笑着说："亲爱的，我只是戴上了一副球迷的面具！这是我辛苦了一天之后的减压方式。"她笑了笑，意识到这个新男友身上还有许多值得她欣赏和发掘的地方。恋爱就像人生中的许多重要事件一样，永远不会有完美的答案，它像一个让我们兴奋不已的谜团，尚有许多未解之谜等着我们去发现。

有多少人在下班回家之后会仍像初次见面似的关注室友、孩子、宠物或家人？作为科学家、心理治疗师、老师、丈夫和父亲，我非常清楚大多数人都没有注意到亲人和朋友们的气息，不在乎他们的触碰，更不会留意他们每天如何用不同的方式为我们的人生做贡献。

好奇心能激励我们从不同的角度看待世界、他人和自己。这些角度可能与我们之前看待事物的角度完全不同，也与其他人看待事物的角度不同。为了适应这些角度，我们也许需要改变自己的信仰体系。但是，那些根深蒂固的信仰曾经给我们带来确定感和明确感，因此要做出改变是十分艰难的。但是当大脑处于好奇的状态时，我们就可以忍受这种压力。

激发注意力

每个人每一天都会经历一些有趣的时刻，其中有些时刻会被忽略，有些时刻则会引起探索。无论人们是在好奇心的驱使下去寻找新体验、新奇事物、心流（flow）、内在动机，还是去寻找意义，好奇心都处于核心地位。有了好奇心，人们才会勇敢地面对并接受未知事物。

好奇心的另外一种表现形式是正念（mindfulness）。正念极为重要，为我们打开了通向幸福之门。好奇心就源自正念。从最早的佛教徒到不同时代的哲学家，再到近代的科学研究，都发现正念具有非常重大的意义。

简而言之，痛苦不可避免，但人们可以选择痛苦的程度。**正念能使人们勇敢地面对压力和困苦，并能把痛苦最小化，把幸福最大化。**

但是，保持正念状态并不是一件容易的事。恰恰相反，我们经常会采取错误的思维方式——漫不经心。我们会不由自主地给事物贴上标签，把它们分门别类。比如，把周围的人进行分类，有些人是朋友或圈内人，有些人则是我们难以忍受并希望忽略或回避的圈外人。我们仅用几秒钟的时间就能断定某物是美是丑，或者某项任务是枯燥还是有趣。我们感到焦虑、伤心或愤怒，正是因为我们给这些感受贴上了受欢迎或不受欢迎、好或坏的标签。我们会根据自己的判断，决定是接受并保持这种感受，还是要努力避免或改变它们。

我们也在不断地把自己与各种标准进行比较：周围的人都穿着短裤，而我的双腿又肥又臃肿（我今天才不去海滩呢）；那人怎么可以说出这么愚蠢的话呢（还好我不像他一样）；如果我把这个女人带回家的话，我的父母肯定不会接受她的（我是不是现在就结束这段恋情呢）；如果我不够风趣幽默，就没有人喜欢我；等等。如果我们的大脑能停止这种没完没了的嘀嘀咕咕暂时安静一会儿，那就再好不过了，但是这种内心的对话正是人性的一部分。

虽然也有些人不会急于给事物贴上分类标签，但是大多数人都会这样做，因为这种处理信息的方式效率更高，而且也是人类的天性使然。人类是具有习惯性的生物，因此，如果我们想学会沉思并避免对事物进行分类，就需要付出艰辛的努力。话虽如此，但研究表明，人们越是不由自主、漫不经心地对思想、感情和周围的人进行分类，就越发感到痛苦。当我们处于放任自流的状态时，往往难以得到幸福。

如果仔细地分析一下正念，你就能更好地理解我刚刚讲述的内容。如果没有好奇心，正念就无法存在。重新获得好奇心，有利于你真正理解正念，也有利于你进入正念的状态。

正念是我们认识自己以及周围世界的一种方法。在谈到正念的时候，学者和实践者往往都会提到“充分了解、活在当下、摒除偏见、宽容接纳、持同理心、心态开放”等。但是其中的最后一点“心态开放”，在我们匆忙对它做出尽可能简洁的描述时，常常被人们忽略。我认为这种忽略是一个严重的错误，下面所列出的是近来人们对“正念”所下的重要定义：

- “充分意识到当前的现实。”—— 一行禅师（Thich Nhat Hanh）
- “以一种特殊的方式进行关注：目的明确，只在当下，不带任何偏见。”——乔・卡巴金（Jon Kabat-Zinn）

- “通过直接经验进行觉察而不做评价。”——《牛津英语词典》

乍一看，正念似乎是指如何使用自己的注意力。但是正念的含义远远不止是有意识地把注意力放到此刻以及留意当下发生的事情。

如果没有好奇心，正念就仅是指有目的地进行关注或者集中注意力。当你的思维封闭起来时，就你只会专注过去或将来。比如，下面是一些似是而非的关于正念的例子：

- 深夜驾车，感到非常疲劳，因此集中精神让汽车行驶在自己的车道上。这并不是正念，此时你只是把注意力高度集中于安全驾驶而已。
- 听一位顾客讲话时，不停地提醒自己要把收据交给顾客。这并不是正念，你只是在努力完成一项工作任务。
- 当孩子拿起刀子削苹果时你会多加留意。这并不是正念，你只是做好了面对危险的准备以确保孩子的安全。

在这些例子中，你的注意力非常集中，而且会一直保持这种状态，仿佛已经与环境融为一体。集中注意力非常有用，尤其在上述环境中，但是却以丧失当下为代价。正念由计划所引导，但并不被计划所控制。注意力的高度集中是一种把注意力集中到某事并保持稳定的普通力量，而正念则是细致而敏感的，它能带来能量、创造力以及更加广阔的发挥空间。

2004年，多位学者对正念的定义达成了一致意见。最终，人们引入了“好奇心”的概念，使之和注意力成为正念定义中两个主要且相关联的要素，好奇心对注意力的影响有两点：

- 首先指注意力的自我调节。它包括在好奇心的驱使下，我们不断地调整注意力，并使其重新关注当下的内在经历或外在世界的能力。它也包括以一种灵活的方式来管理并维持我们对目标的注意力。

- 其次是指注意力的质量。它是指人们运用哪种具体的方法来对待直接经验，好奇心、开放性和接纳性为其特点。当我们保持正念时，我们对当下所体验到的思想、感情、行为和事件持有一种好奇的天性，这能使我们接纳并留意现实情况的方方面面。

关于如何学习并获得正念能力，大桥收费站收费员沙恩的故事就是一个很好的例子。在工作期间，沙恩与外部世界的联系非常有限，很少有司机能对他报以微笑，大多数司机都对他不屑一顾，或者用粗鲁的语言催促他动作快一些，甚至有些司机没有缴费就驾车冲过去。工作几年之后，他的身体开始因长期的工作压力出现不良反应，比如胃功能障碍导致的严重消化不良。医生建议他接受一种不同寻常的介入治疗，并给他制订了一个减缓压力的计划，这样可以防止压力累积到一定程度后给他带来极大痛苦。这个计划里包括了一套如何转移注意力的系统方法，沙恩对此这样描述：

> 第一周里，我费了九牛二虎之力才体会到我身体的感受。每天早上、工作时以及晚上睡觉前，我都会感受一下我的身体。每次坐在收费亭里，或者探出身来与客户说话的时候，我也会对身体进行感受。以前只是在健身房里才这样做，但现在我会一直感受我的全身。
>
> 夏天的时候，收费亭里很热，我常常满身是汗。这时，我会告诉自己，我的小腿肚感到松弛无力，大腿就像橡树干一样僵硬，膝盖很疼，胳膊就像两块煤砖一样沉重。我坐在那里，仿佛是一颗定时炸弹。因此，起初我的感觉很糟糕。我会想，还不错，沙恩，现在你知道自己的胳膊感觉就像刚刚拉过一辆消防车。几天之后，我开始意识到我的身体和情绪要比以前更加合拍。比如：如果我感受到压力，双肩就会疼得要死；如果我感到紧张，身体就会微微发抖；如果我感到高兴，我的脸就像被盖上了一条温暖

的毛巾；如果我感到满足，我的双腿就像热蜡一样融化在椅子上。这让我感到自己是一个整体，仿佛身体的各个部分并不是相互分离的，而确实是一个完整的身体。

正如沙恩描述的那样，我们也可以集中注意力，可以对面前或内心深处的事物产生兴趣并加以探索，可以学习新事物，并获得意想不到的回报。好奇心提供了一种平静的能量，能使我们的正念能力不断地延伸扩展。

极具可塑性

如果想成为一个好奇的人，那么充满好奇心的时刻是必不可少的基础材料。尽管好奇心是人们天生就拥有的，但是我们看待世界的方式以及处理信息的方式却各有千秋：有些人会更加开放，而有些人对变化和不确定性有着强烈的抵触心理。好奇心是我们或多或少都拥有的一种特质，我们无须质疑自己是否拥有好奇心，而是应该问自己：我究竟有多少好奇心？为了弄明白你所处的位置，我们很有必要对非常好奇的人所具有的特质进行分析。

第一种特质就是**强度**。好奇心程度较高的人对好奇心、兴趣和求知欲有更强烈的感知。他们对新奇事物以及事物的复杂性和多变性表现出强烈的偏爱。他们更乐于接受新体验，甚至会挑战熟悉而又安全的观念或常规惯例。

第二种特质是**频率**。好奇心程度较高的人在一天之中会多次感到好奇，进行探索研究的冲动会很容易被唤起。他们看到的、听到的，甚至是一些八卦新闻都会很容易点燃他们的好奇心。一辆飞驰而过的摩托车所产生的气流也会让他们冒出一连串问题，比如，摩托车开得有多快？它的油耗是多少？与汽车相比，摩托车的事故率是不是要低，维修费用也要低？为什么摩托车是很多欧洲和亚洲的城市里最普遍的交通工具，但在美国却不是呢？

第三种特质是**持久性**。拥有好奇心的人想要进行探索的兴趣和欲望会持续更长时间。充满好奇心的球迷就是个极好的例子。当比赛打成平局进入加时赛后，球迷们会因此狂热起来。尽管所有的比赛在开局的时候都具有不确定性，但是一旦其中一支队伍占了压倒性优势，充满好奇心的球迷就会感到非常失望，还会因此悻悻离场。这些球迷想尽可能久地延长这种不确定因素，因为这种紧张感会让他们兴奋不已。对那些充满好奇心的人来说，新奇性和不确定性所带来的快乐会持续更长的时间，且被有意识地延长。

第四种和第五种特质是最易被人理解的，它们分别是**宽度**和**深度**。宽度是指能使人们感到好奇或有趣的事件的数量。充满好奇心的人对他们所处世界中的许多方面都感兴趣，比如工作、人际关系、充满激情的活动和爱好，以及他们自己的思想、情感和价值观。我们可能对过去、现在或者将来充满好奇；也可能对外部世界、他人以及我们自己充满好奇（内省是一种行为，充满好奇心的人会享受内省的过程，而好奇心程度较低的人则较少关心哪些内在动力能指导他们做出选择）。深度是指人们一旦发现某事能抓住他们的兴趣后，能否坚持这种兴趣，并为自己的生活增加新的体验。也就是说，最初的兴趣能否带来长久的爱好或激情，并为兴奋和意义提供可再生的源泉。

当好奇心程度较高时，人生也就充满了很多好奇的时刻，我们会乐于对吸引我们注意力的事物进行探索。好奇心时刻出现的频率以及好奇心的程度是可以改变的。最新的科学证据表明，反复出现的经历能够改变人的思维，这也是人们的性格发生改变的最初迹象。这就是科学家所说的“神经可塑性”（neural plasticity），它是一项重大的研究突破。在 20 世纪 90 年代之前，人们一直相信，一旦步入成年，任何改变我们性格的机会都会消失。而现在人们却得知，性格是具有可塑性的，好奇程度也可以变化。

一方面，科学家已经证实，**从中年至晚年，人们对新经历的接纳程度、对学习新事物的兴趣，以及对新环境的适应能力都将大大减弱**。这一发现也印证了一个现象：即同样的事情，活泼爱玩、无忧无虑的年轻人会觉得非常有趣，墨守成规、思想保守的中老年人却无法感受到丝毫乐趣。一般来说，无论男孩或女孩，从 12 岁开始直至进入大学，他们对新体验的好奇心和开放性都在不断增强。但是到了 30 岁之后，他们的好奇心就开始慢慢减弱。随着我们开始拒绝新鲜事物，我们的社会责任、个人好恶以及人生轨迹也都开始固定下来。年轻一些的成年人可能对这种好奇心的退化感到十分恐惧，甚至超过对死亡本身的恐惧。我在我的学生和参加我的心理治疗的中年人身上发现了这种态度（他们常对我说，“要是早点认识你就好了，那样的话我就不会变成现在这个样子”）。

在过去的 10 年中，大量的科研团队在对被试进行了长达数十年的跟踪调查后，纷纷发表了结论，阐述人在一生中哪些性格特征是一成不变的，哪些是可以改变的。在有些实验中，科学家对一些儿童进行了跟踪研究，直至他们进入大学。而有些实验对象是 20 岁的青年，研究者对他们进行了长达 40 年的跟踪研究。从这些研究得知，我们的性格特征，包括好奇心程度，是随着年龄而发生变化的。比如，某项实验的对象是 870 名智力超常的儿童，他们从 12 岁到 16 岁发生了如下变化：

- 5% 的儿童表现出好奇心的衰退。
- 44% 的儿童表现出好奇心的增长。
- 51% 的儿童没有发生变化。

从这组数据中可以看出，49% 的儿童的好奇心发生了变化。但是当你分析其他重要的性格特征时，比如慷慨、随和或者冲动，只有 34% ～ 38% 的儿童发生了变化。青少年期前期儿童的标志性特征就是很难理解或处理自己的消极情感，但是只有 43% 的儿童在焦虑、尴尬和发脾气方面表现出变化。也就是说，在人类这些主要的性格特征中，好奇心和开放性是最具可塑性的。

由于并不是每个人在童年时期所拥有的顽皮和无限的好奇心都会表现出一种缓慢、稳定而系统的衰退，这就给我们提出了一个重要的问题：我们应该怎样做才能在 30 岁之后还能提高（或至少保持）好奇心呢？本书就是对这个问题进行回答，并提出了一些具体策略。

对 20 岁和 40 岁的人来说，什么样的行为能使他们在 60 岁时（即整整 20 年或 40 年之后）仍能保持开放性、好奇心和应对甚至拥抱不确定性的能力呢？我们基于一些研究做出了试探性的回答，那些在多年以后仍能保持好奇心的 20 岁的年轻人有着以下这些共同特性：

- 他们有更为丰富的情感，既有积极情绪，也有消极情绪（这进一步证明消极情绪其实并不“坏”）。
- 他们都积极地寻找人生意义（也包括向权威以及人们普遍赞同的观点提出质疑）。
- 他们并没有感到自己受到社会规则的束缚。
- 他们选择一些能让自己更加真诚、真实、独立和有创造力的职业。

上述每一条特性都告诉我们如何保持强烈的好奇心，如何保持对新鲜事物（而不是熟悉事物）的偏爱，而这也正是开明的年轻人的特征。我们也可以看到这些特征的反面：如果高度关注安全感、避免压力、严守惯例，这将会大大减弱我们的好奇心，继而减少我们的满足感和人生意义。

与人们普遍相信的观点不同，即便我们已经不再是处于青春期的孩子，我们的性格也可以发生改变。我们无法改变自己的遗传密码、性别、年龄、种族或之前的人生经历（不管好坏美丑），但是却可以改变自己的思维方式，也可以改变将要从事的活动以及对未来的目标。即使你感到自己并不具备这些特性，你也可以成为一名充满好奇心的探索者。科学为人们的乐观提供了足够的理由。

当我们提到改变的可能性时，就必须要考虑如何在现实生活中做出改变。众所周知，强烈的情绪只会持续几秒钟的时间，心情会持续几个小时的时间，而人们的性格却是经历了数年之久才逐渐形成的。如果想要做出改变，就需要从转瞬即逝的事情开始，逐渐形成利用好奇心进行探索的心态。这有利于我们以更为微妙的方式改变自己的思维，也将最终为我们的性格带来新的成分。

好奇心的五大好处

很多观点认为，好奇心为人们的探索和成长提供了推动力。好奇心是正念的中心内容，而且不同于我们的常规预期，新奇和不确定的事件会加深并延长人们的积极体验。尽管每个人天生就有不同程度的好奇心（甚至连婴儿都能表现出好奇心），但是只要我们付出努力，就可以大大提高好奇心，同时也能改变自己看待世界的方式。

好奇心带来的益处会影响到人生的方方面面，但是我更喜欢把好奇心的益处用五大科学发现来表述。这些发现是毫无争议的。不管你生活在哪里，不管你的生活环境如何，不管你有什么样的目标，这五大益处都是我们渴望拥有的优势。

健康

几乎没有什么比延长寿命对人更有吸引力了。研究者对 2 000 多位 60 ～ 86 岁的老年人进行了为期一年的细致观察，那些在研究一开始就表现出强烈好奇心的老人在研究结束时仍然健在的概率更高，甚至在考虑到他们的年龄、是否吸烟、是否患有癌症和心血管疾病等老年人常见病之后也是如此。好奇心的衰退极有可能是神经系统疾病和健康恶化的最初征兆。比如，帕金森综合征患者和阿尔茨海默病患者的神经系统中的多巴胺递质减少，从而表现出对新奇事物缺乏兴趣，而且也不愿探索周围的事物。当老年人大脑中主管好奇心的部分发生衰退时，也会出现同样的情况。为什么说这一点非常重要呢？因为随着健康和营养科学的发展，人类的寿命在不断地延长，但人们不一定活得更加幸福。长寿带来了一个出人意料的代价，即每 8 个婴儿潮时期[①]出生的人中就有一个患有阿尔茨海默病。人们在 65 岁之后患此病的风险会加倍。据估算，到 2030 年，患此病的美国人将会增长 50%（约 5 200 000 ～ 7 700 000 人）。但是我们也有一线光明，即提高好奇心能降低患这些疾病的风险，甚至还有可能使一些自然衰退发生逆转。

在动物界中可以看到同样的结果。**那些喜欢寻找新鲜经历（比如喜欢在笼子里玩玩具或探索迷宫）的雌鼠要比那些小心谨慎的雌鼠活得更久。**从某项研究结果可以看出，好奇心强的小白鼠要比那些对未知事物充满恐惧的小白鼠寿命长 25%。如果在人类社会也能发现类似的例子，我们就需要严肃认真地对待好奇心，并用不同的方式对它加以有效利用了。

智力

如果智力与分析问题和解决问题息息相关，还有什么比能够应对日常决策中的新奇性和不确定性更好的例证呢？

实验探秘

一项包含了 1 795 名儿童的研究就印证了这一观点。在这些儿童 3 岁的时候，研究者对他们的好奇心和智力进行了测试，8 年之后，也就是在他们 11 岁的时候又进行了测试。研究者发现，无论这些儿童在 3 岁时的聪明程度如何，8 年之后，好奇心更强烈的儿童会变得更加聪明。更令人惊喜的是，在 IQ 智商测试中，好奇心更强烈的儿童要比其他儿童智商高出 12 分。我们知道，人类的 IQ 平均分为 100 分，有一半的人低于平均分，如果 IQ 提高 12 分的话，会使排名提高，只有 22% 的人依然领先，这是非常惊人的数据。因此，即使你考虑到了一个孩子最初的智力水平，但是如

① 婴儿潮时期，指的是美国第二次世界大战后的生育高峰期。——译者注

果他恰恰充满了强烈的好奇心，那么他就会在性格形成期表现出显著的认知发展。

对成年人来说，更强烈的好奇心通常会带来更出色的分析能力、解决问题的技巧以及更高的整体智力水平。总体来说，优秀的学生、工人、经理、科学家、艺术家以及为人类和世界做出突出贡献的杰出人物都具有的特点之一就是强烈的好奇心和高智商。

提高智力水平的想法非常诱人，但是很多提高智力的做法却往往惨遭失败，比如启智计划（Head Start Program，一项针对婴幼儿的早教项目）。智力到底可不可以得到提高，这仍然未有定论，但过去一个世纪的研究表明，人类的智力大约 50% 是由基因构成决定的，还有 10% 与人们的成长过程以及出生前在母亲子宫内的经历有关。

智力很难改变，好奇心却可以培养，而且任何一个渴望幸福人生的人都可以拥有好奇心。很多学科领域中的天才神童一开始都很喜欢演奏音乐、写诗或打篮球，因为那很好玩，但是这种乐趣常常被成名的压力所抹杀。基本上，当好奇心和兴趣消失殆尽时，它们给人带来的益处也随之消失。

如果我们仍然对智力过度关注，就会错过一个重要的真理：最聪明的人不一定是最优秀或最有智慧的人。而好奇心却能使学生在学校里取得更好的成绩和考试分数，使学生更乐意把课堂上所学的知识转化为长久的兴趣甚至是职业。即使是智力落后的孩子，只要拥有好奇心，也能对学习表现出强烈的动机和热情。我们需要自问：教育的目标是让孩子们在考试中获得高分从而能考取好大学，还是让他们获得成功？如果是后者的话，那么我们就需要改变以往对智力过度关注的态度，而重视好奇心的作用。

人生的意义和目标

我的研究表明，**拥有好奇心的人会更加重视持续塑造幸福人生**。他们关注当前的生活，感到人生充满了意义，同时，他们也力图寻找并发现更多的人生意义，为自己输入养分。

我们是如何得知这一点的呢？在我的多项研究中，我向被试询问了他们几个星期之内每天所做的事情，并询问他们从这些事情中获得的意义。通过这种方法可以发现，人们在特定的某一天或一个星期之内到底做了什么事情，与他们通过回顾想起的事情往往是相反的。这一发现非常重要。我们知道，如果你问那些有孩子的家长他们过得是否快乐，他们会异口同声地回答“是”。但是如果你让他们讲一讲某天发生的具体事情，你也许会得到完全不一样的答案。家长们通常会讲述遭受挫折和不愉快的时刻，却较少提到愉快的时刻。你如何看待过去往往与当时真实发生的事情有着很大的差异。

好奇心也是通往那些使人们获得人生意义的最重要源泉的入口。我们把这些源泉称为兴趣、爱好和激情。如果想发现人生意义和激情，就需要释放好奇心和兴趣。探索和发现是对有趣的事物进行不断摸索尝试的过程，在这个过程中，我们可以决定哪些事情值得进行长期投资。好奇心推动着人们去寻找并创造看似微不足道却源源不断的意义。这一过程也许是与一个重要的人待在一起，也许是全心全意地投入一场谈话、一本书、一场电影、一个游戏或某项体育运动之中，并从中获得意义。我将会在本书后面的章节里对这一过程进行更详细的讨论。

社会关系

我们往往不会把好奇心等同于社会关系，但是我坚信，如果没有一个开放而好奇的心态，你就无法维系令人满意的重要的关系。夫妻寻求心理咨询或心理治疗的一大原因，就仅仅是因为他们觉得婚姻生活十分枯燥无聊，而随之而来的往往就是怨恨、敌意、沟通失败或者对彼此缺乏兴趣（这些情况会使原有的问题加重）。拥有好奇心的人也往往能拥有令人满意的人际关系和婚姻生活。比如，在恩爱夫妻的眼中，他们的伴侣非常风趣幽默而且能对对方做出积极的回应。

除了现有的人际关系之外，充满好奇心的人在与陌生人交往时也会使彼此相处更为融洽。在我的一项研究中，被试需要与一位陌生异性进行 5 分钟的交谈来认识对方，然后每个人都对同伴进行评价。我们也分别询问了充满好奇心的被试最亲密的朋友和父母，以便于了解他们给最亲密的人留下的印象如何。我们发现，不管是认识仅仅 5 分钟的人，还是亲密朋友和父母，他们都认为被试热情洋溢、能量充沛、开朗健谈、自信幽默，对所说和所做的事都兴致勃勃，而且也展现出广泛的兴趣爱好。与那些好奇心较少的人相比，他们很少表现出心神不定或者胆小怕事、焦虑不安的样子。充满好奇心的人常常提出问题，而且很渴望去了解同伴，因此他们总是有意识地让彼此间的交流变得生动有趣。这种兴趣有助于形成有益的互动，反过来又会促进双方关系的进一步发展。

如果对新事物缺乏好奇心和开放性，人们就会无法忍受不确定性，而且非常渴望在生活中得到确定的结论。虽然这些特点可以帮助人们远离焦虑和压力，但是从长远来看，它们也对社会关系产生了破坏性的影响。好奇心程度较低的人会依赖一些思维定式来描述他人，而且很容易把与自己信念不一致的信息当成一种威胁。因此，他们会坚持自己的第一印象，即使这第一印象有可能是错误的。这种封闭的思维会造成偏见，并使人们抗拒与自己相反的意见，无法与他人达成一致。

为了避免社会关系中的不确定因素所带来的不便，好奇心程度较低的人会很快地由爱到恨，由信任到猜疑，或者形成其他过于绝对化的思维。而充满好奇心的人则能轻松地应对人际关系中的疑惑以及各种复杂感情。好奇心程度较低的人会把人际关系中与交往对象的矛盾当成一种无法解决的问题，这些问题会迅速升级为极端的行为，比如激烈冲突、拒绝、猜疑，甚至突然决裂。如果对一些社会弊病进行追根溯源的话，其原因就是好奇心的缺乏。

快乐

对很多人来说，快乐非常重要，它是人生的一大目标。因此，如果把本章比喻成一个以科学为指导的“好奇心广告”的话，那么把好奇心对快乐的作用放在这个广告的最后一部分是非常有意义的。

盖洛普咨询公司近期从占全球 96% 人口的 130 多个国家中选取了 130 000 人，进行了一项规模空前巨大的调查。受调查的人们认为，他们在特定的某一天能感受到的快乐受两大因素影响，这两大因素分别是：“能够信赖某人的帮助”和“昨天学到了新东西”。此项盖洛普调查表明：**发展良好的人际关系、寻求新事物以及获得个人成长是快乐人生的关键因素**。

这并不是全部发现。在心理学领域的某项重大研究中，马丁 · 塞利格曼（Martin Seligman）和克里斯 · 彼得森（Chris Peterson）对人类拥有的基本力量提出了科学的分类方法。这一体系建立在对古代哲学家的著作、宗教文献以及当代文学作品大量阅读，对其进行模式确认，最后用严谨的科学测试进行检测的基础上。他们的研究最终得出结论，认为有 24 种力量，其中有些力量，比如爱、灵性和情商，都是我们在思考什么才能使我们快乐时首先在头脑中冒出的答案。当塞利格曼和彼得森对这 24 种力量进行评价时，好奇心处于前 5 位，它与如下体验相关：

- 体验人生的圆满和快乐。
- 从工作中获得满足感。
- 过着愉快的生活。
- 过着充实的生活。

- 过着有意义的生活。

与其他几项重要的特质如爱、情商、仁慈、宽恕、毅力、智慧等相比，好奇心显得更为重要，它的排名仅次于希望、热忱和感恩。这些研究是以来自全世界多个国家、共计 12 000 人的问卷中抽样选出的 4 000 份网络调查问卷为基础的。这些调查对象中有 1 000 多名来自美国和日本的年轻人（18 ～ 24 岁），他们认为在发现自己特质的过程中，唯一比好奇心更能带来幸福的力量就是希望和热忱。①

在另一项对 839 名克罗地亚学生进行的研究中，我和同事们发现：有 24 种力量能使我们获得愉快、充实而有意义的人生，但其中只有好奇心和热忱总是居于前 5 位。

如果把这 24 种力量放在一起进行比较并选出获胜者，可能有些可笑，不过我们注意到，能带来快乐的最重要的几种力量，每一种都看似与好奇心有着某种联系。

实验探秘

在某项研究中，大约 1 200 名青少年都佩戴了一块手表，这块手表会连续一个星期每天鸣叫 8 次。这些青少年都随身带着一包问题，每当手表响起时，他们就会在这些问题下面写下答案，比如此时正在干什么、想什么，以及心中有何感想。其中 207 个在这一星期的时间里对所做的事情最感兴趣的孩子，被称为“充满好奇心的探索者”；另外还有 207 个孩子被称为“无聊的孩子”。那么，充满好奇心的探索者在一天之中手表滴滴响起时

① 关于这一研究的更多内容，可阅读积极心理学之父塞利格曼的著作《真实的幸福》，该书旨在教会读者通过积极心理学来建立优势、实现自我，其中文简体字版已由湛庐策划、浙江教育出版社出版。——编者注

有何与众不同之处呢？他们感到更加乐观并充满希望、更加自信，相信自己可以掌控自己的生活和各种决定，丝毫不会让别人左右他们的思想。无聊的孩子会感到自己只是象棋中无法掌控自己命运的“小卒子”，充满好奇心的探索者则会有一种自主感，这为他们把握人生的机遇和挑战提供了强劲动力。

与之前的很多研究者一样，我也认为在合适的条件下，那些不懈追求个人成长的人最有可能获得成功。因为这些充满好奇心的人会尽情享受过程和结果，并能掌控自己的命运，因此有更多有利条件去创造并维持一个幸福人生。

为了更好地利用并培养好奇心，我们需要探究它的起源。在下一章中，我将会运用进化论的观点，深入大脑去进行探索。

第 3 章

大脑渴望新鲜事物

人类的祖先以采集和狩猎为生，他们拥有发现危险或致命事物的能力。比如，他们会评价某物或某人是否会带来麻烦：如果吃了这些植物，我会不会生病或死掉？远处的嚎叫声是否对我外出觅食造成危险？山洞里那个人的身上有一股烧焦人肉的味道，他会不会对我构成威胁？

在史前阶段，非洲塞伦盖蒂（Serengeti）地区到处都潜伏着捕食者、伤病、饥饿等各种危险，人类的祖先意识到，如果他们结成群体，那么生存下去的机会将大大增加。十几个人合作捕猎长毛猛犸象要比一个人单枪匹马地狩猎容易得多。作为群体中的一员，我们的祖先比其他动物能更轻松地获得食物，能得到同伴的照顾和保护，而且更容易找到配偶，从而保证了种族的延续和基因的传递。

因为群居生活带来的这些好处，人们逐渐开始害怕被群体拒绝。

负面偏好和正向偏移

我们的大脑天生就有好奇心，随之而来的还有忧虑。我们的祖先在 50 万年前面临着种种困境，因此社会群体往往需要对其成员进行甄选。比如，每个山洞都有最大容量，因此每个群体都乐意把时间、精力和资源用在那些看起来更有魅力、更加聪明、更有竞争力、身体强壮而且具有合作精神的人身上。每个人的处境都岌岌可危，因为他们无时无刻不在受到群体的评价，丝毫不能松懈。而且群体在面临猛禽和野兽的攻击时，会首先牺牲掉懒惰和虚弱的人来保护整个群体的安全。如果我们的祖先想要被群体接纳，就需要证明他们可以做好自己分内的工作。

如何避免遭到拒绝呢？人们总是不断地从他人的角度来审视自己的现状：我的贡献足够多吗？我的贡献跟别人一样多吗？我是不是做了什么傻事，才会被大伙拒绝和驱逐？在数千年的历史进程中，人类的大脑不断演化，逐渐适应了狩猎和收集果实等生存挑战。

不幸的是，有些思维工具曾经帮助我们的祖先生存下来，却妨碍了我们在今天的现代社会中尽情享受人生。比如，与无忧无虑、乐观向上的同伴相比，那些经常有焦虑感的原始人类存活下来的概率更大。消极的思维可以说是一种早期预警系统，它可以激发人类大脑去发现现有的或潜在的威胁，也可以协助人类大脑对不存在的危险进行想象。如果人们能随时随地做好准备，就更容易存活下来。即使多数情况下都判断失误，即使经常是杞人忧天，那也无关紧要，因为生存是第一要务。

人类天生就会做最坏的打算。当发现危险或者仅仅对危险做出预期时，我们的大脑就会迅速做出回应，此时大脑会产生焦虑情绪，并产生逃跑的强烈欲望。正如我们的祖先在可能面临危险时会变得焦虑一样，当我们生怕迟到而匆匆忙忙地赶去上班时，或者在饭馆吃饭正打算结账却发现没带钱包时，我们也同样会做出“战斗还是逃跑”的本能反应。

我们大多数时间都在担心根本不可能发生的潜在危险，有时即使这些危险真的发生了，也远远没有我们想象的那般严重。正如我们的祖先担心自己会被社会群体抛弃一样，我们也很在意他人的看法。当他人对我们作出不高的评价时，我们会感到非常焦虑和尴尬。我们的大脑会产生自我厌恶的情绪，同时也会使我们不断寻找那些更加强壮、聪明、有魅力或者更有能力解决人生困难的人（至少我们是这样认为的），而且总是把自己与他们进行对比。

对人类大脑演化设计的了解可以帮助我们理解幸福人生到底需要什么。我们不断尝试在积极与消极之间寻找平衡，而我们天生就会注意到消极事物，这有一个学名叫作“负面偏好”（negativity bias）。想象一下，我们的祖先们在听到身后的脚步声或树叶中的沙沙声时，心跳会加快，他们会扭头环视四周，做好战斗或逃跑的准备。大脑构造也使我们在面对潜在危险时做出同样的反应。除此以外，我们也具有一种既幸运又不幸的能力，即可以想象各种各样的场景，比如，我们失败、受伤甚至死亡的样子，这自然会带来更多的焦虑和担忧。负面偏好是我们对潜在威胁做出的强烈反应，如果你是一个容易焦虑的人，这种偏向会更为严重，一些尚不明确和不确定的情况在真相大白前也往往会被你当成危险。

也有些时候，周围绝对没有危险，十分安全，此时，我们会远离焦虑警惕的状态。在这种情况下，我们无须再试着逃避这个世界，可以彻底地放松和休息。

不过这种中立、平静的状态通常是非常短暂的。我们的演化过程中还有一个重要因素叫作“正向偏移”（positivity offset），也就是说，当感到安全时，我们会表现出对探索新事物、寻找新体验的轻微渴望，也希望获得回报和刺激。如果缺乏这种偏移，我们就永远不会学习、扩展、成长或进化。

从某种程度上说，每个人都在努力理解这个世界，这一现象也有着进化根源。是否拥有资源（工具或栖身之处）、信息（在族群里哪些人值得信赖），或者实际的回报（食物或配偶），我们的祖先在不停地寻求这些问题的答案。

祖先们只有在冒险时跨越了已知领域的界限，才能获得更多的知识和技能，而后者的增长又可以帮助他们在将来某一天存活下来。当然，并不是任何新事物都可以帮助我们预测或理解那些重要知识。要知道，我们的祖先在当时必须不停地探索各种新事物。比如，他们知道用手指触摸他人的肚脐除了让人生气之外没有任何益处，还知道石头不会漂浮在水面上，这些知识的获得往往都经历了富有创意且不断尝试的过程。你可以想象一下，我们的祖先曾经尝试了多少东西才学会用火。也许某个幸运的原始人在第一次尝试生火的时候就选对了打火石，不过我觉得这种可能性微乎其微。而更大的可能是，一代又一代的原始人尝试了树叶、骨头、石头等任何可以抓起来的东西，他们甚至还有可能在期待某种有趣结果出现时，尝试过对这些物品进行咬、舔、举高、摩擦、挤压、碰撞、摇晃、抛掷，甚至对着它们跳舞或吟唱赞美诗。一旦燃起火焰，他们必须弄明白究竟是哪些方式起了作用、哪些没有作用。

在原始社会弱肉强食、适者生存的环境中，为了激励自己寻找新的事物，祖先们需要一种促使他们期待并渴望获得回报的内在体系。人们因为有可能获得回报而陶醉，这种感觉促使他们进一步地探索、发现和研究。毕竟，对回报的期待激励着他们，而且一旦得到回报，他们就会感到心满意足。这种期待和寻求正与好奇心有关，是人类在进化中所产生的适应力的最佳表现。

好奇心催生了游戏

上面所述内容并非全部。毫无疑问，充满好奇心的探索者与那些勇气欠佳的人相比更占优势。他们的新技能对部落来说更具吸引力，也会使他们获得更多的食物、水、工具和配偶。而一旦拥有了更多资源，他们就能存活下来；一旦有了更多的配偶，他们就有更多的机会把优良特征传递给后代。因此，他们很有必要弄清楚哪些行为能使自己更容易被部落接受（比如为部落提供食物），而哪些表现会让自己被部落抛弃（比如偷窃、懒惰）。经过几代人的发展，好奇心、探索等类似的特征变得更加普遍。

还有一种行为能帮助人们发展人际关系，那就是游戏。从本质上来说，游戏充满了多样性，也许是给朋友起绰号开玩笑，也许是乔装打扮，也许是爬树翻墙、打闹或者进行体育竞技比赛。游戏里融合了好奇心和兴趣。除了能为人们提供乐趣，游戏也为儿童提供了训练场，他们可以通过游戏锻炼重要的社交技巧或解决问题的能力，并会终身受益。在动物王国里，松鼠会在家族成员之外选择一个固定的玩伴。即使与儿时的玩伴分开几个月甚至几年时间，当它们重新见面时，如果这个玩伴正受到捕食者的攻击，松鼠往往会不顾自己的生命安危去拯救玩伴。可见，松鼠在儿时的愉快体验会给它们带来终身的友谊，当它们将来遇到困难时也会得到玩伴的帮助。人类也有同样的情形。游戏中包含着好奇心这一元素，经常在一起做游戏的人往往会彼此产生长久的友谊。

对我们的祖先来说，游戏是好奇心寻求过程的副产品，它是确保人们获得盟友和配偶的重要工具之一，因此会大大提高生存或繁育后代的可能性。在游戏中，我们体验到不同的社会行为、规则和角色，还可以扩展与人交往的技能，并对自己拥有更深入的认识。游戏是人们做出改变的训练场。

当然，并不是所有充满好奇心而且喜爱游戏的探索者都能得到一个幸福的结局。未知事物能带来许多回报，但是这些探索者未必能存活下来享受这些回报。当这些探索者进行冒险时，还有很多人坐在一旁观望，他们只关心舒适度、安全性、确定性和掌控性；与探索者相比，旁观者总是把时间花在熟悉的事物上。不过，他们也会通过倾听或观察探索者获取好处。间接的学习和成长通常与直接体验所获得的成果是一样的，而且还不用冒受伤或死亡的危险。

为了有效地控制和利用环境，我们需要提高灵活性。**最成功的人在面对危险时会感到焦虑，而在面对潜在的回报和学习机会时则会感到好奇。**当祖先们面临危险和潜在回报时，往往会体验到一种复杂的情感——既想逃离危险存活下来，又想进行探索获得各种收获，这些收获有可能帮助他们在未来存活下来。

人们无法对未来发生的事情进行准确的预测，因此我们的祖先总是受到不确定因素的困扰。而我们的大脑在经历了长久的进化之后，使大多数人在即使感到轻度或中度的不安时，仍会选择进行探索。我们天生就想体验当某种新事物或难以预料的事物打破陈规时带来的激情。

当身处未知领域时，我们应当进行探索而不是回避，这是获得幸福人生的关键要素；对我们的祖先来说，这有利于他们延长寿命或者繁衍后代。我们的好奇心和危险检测系统都在不断进化，只有同时对这两方面加以运用，才能在这个无法预料而又充满不确定因素的世界中做出最佳决定。

好奇心的大脑原理

如果好奇心的推动力也在演化，那么我们就应该对人类现有大脑中固有的基因标记进行深入的研究。随着科技的进步，我们的大脑如今可以被看作人类历史的考古学地图。

人们普遍认为我们的大脑能反映事实。有研究证明，一个人的快乐、痴迷或恐惧，都会反映在他的大脑中，这一发现让很多人激动不已。人们很容易相信，只有当这些人生经历反映在大脑中时，它们才是确定无疑的。但是，你真的需要通过扫描大脑才能发现是否深爱自己的孩子，是否感到痛苦或悲观吗？如果答案是肯定的，我强烈建议你少花点时间去泡酒吧，多花些时间思考一下自己的人生。

由此可以看出，脑科学可以使人们更清楚地认识到好奇心这一天性的来源，也能使人们认识到我们能从稳定、熟悉和确定的事物中获得更多快乐。如果我说得没错，获得强烈、持久的幸福的关键就在于寻求新奇性、拥抱不确定性。

首先，让我们来看一看大脑中与快乐有关的化学物质——多巴胺，它常常被人们提及，但也最易被人误解。多巴胺是一种神经递质，它可以把信息从大脑中的某个神经末梢传递给另一个神经末梢，使我们的身体做好行动的准备。多巴胺到底是怎么产生的？当大脑释放出多巴胺时，它会引发人们什么样的行为？神经科学领域对此仍然争论不休。

很多科学家都把大脑中多巴胺受体最密集的部分看作大脑的“快乐中心”。这一快乐中心就是伏隔核，属于腹侧纹状体的一部分，进化史上原始爬行类动物的脑中就已经存在这一结构。这种纹状体能使我们感知外界发生的事情，而且当人们有机会获得奖励时，多巴胺就会出现在我们的大脑中。

随着现代科学技术的发展，研究者已经能够把人们在思考问题、做出决定以及计划行为时大脑中活跃的部分绘制成图。在某项研究中，志愿者在得到食物和饮料，或者在打电子游戏并有机会得到奖励时，他们的脑部扫描显示此时大脑中的纹状体和多巴胺受到了激发。因此可以看出，多巴胺的活动是与奖励相关的。当我们感觉良好时，神经系统就会充满多巴胺；当我们因看喜剧电影狂笑不止时，多巴胺也会在血管中大量出现。人们一致认为，多巴胺能使我们的身体做好迎接奖励的准备，因此我们能体会到愉悦感，会不由自主地微笑。

这就是定论吗？事实远非如此。近几年，一些持怀疑态度的神经学家通过研究发现了与上述解释完全相反的新结论，其中有博林格林州立大学的雅克·潘克塞普（Jaak Panksepp）、密歇根大学的肯特·贝里奇（Kent Berridge）、斯坦福大学的布赖恩·克努森（Brian Knutson）以及康奈尔大学的理查德·德皮尤（Richard Depue）。为了研究大脑如何产生情感体验，科学家们可谓绞尽了脑汁。

实验探秘

在某项研究中，贝里奇给一群老鼠饲喂甜味食物。你可以从老鼠的面部表情判断它们是否感到快乐。不出意外地，老鼠兴奋地伸出了舌头。接下来，这些老鼠被注射一种神经毒素，这种毒素会消除它们大脑中的多巴胺。这是一个非常严谨的研究，因为没有多巴胺的话，老鼠应该无法享受任何事物。最先出现的反应是老鼠停止了在笼子里试探，不再走来走去，而且也没有再碰过它们的食物。因此，研究人员认为老鼠失去了食欲，正在进行绝食。研究者继续坚持观察，让他们感到惊讶的是，老鼠对着那些甜味食物，很快就伸出了舌头。显然，去除多巴胺并没有阻止老鼠享受美食的能力。但是，它确实阻止了老鼠对美食的渴求，或者更确切地说，老鼠失去了欲望，它们就像呆坐在电视机前看电视的孩子一样表情呆滞，对任何事情都毫无兴趣。

动物实验可以有效地帮助我们了解大脑，但是我们最终还是要研究人类的大脑。除了可以确定大脑中哪些区域处于活跃状态之外，我们还可以确定脑部活动是在我们接受刺激期间、之前还是之后发生的。比如，你正躺在脑部扫描仪下，且被告知你会看到过去认识的某个熟人的一些照片，那么在看到照片之前，你大脑中的哪些区域会变亮呢？在看到照片之前心中充满疑惑时，与当你知道照片上的人是谁时相比，你大脑中变亮的区域是不是一样的呢？由于不知道照片上到底是谁而产生的神秘感，与我们看到照片并追忆往事时所带来的快乐感是相互分离的。我们期待见到某人时，与我们真正与他们相处时，也是很不一样的。这是为什么呢？原因就在于时机会影响我们的感受，而且也会影响我们下一步的行动。

关于多巴胺所起的作用，人们观点各异，但是通过扫描技术，我们可以对这些不同观点进行测试。如果多巴胺是在得到奖励时产生的，那么当我们吃巧克力时、吸食可卡因时、与朋友开怀大笑时，或者正确地回答出问题时，多巴胺所在的脑部区域就会变亮。但是如果多巴胺是当我们寻找奖励时才产生的，那么大脑中的相同区域会在我们焦急地期待奖励时变亮，而不是只有当渴求或快感得到满足时才变亮。接下来要讨论的问题是：是什么点燃了多巴胺？是快乐本身还是对快乐的期待和渴望？

奖励与好奇心

你可以问问家长们，他们是否觉得寻求奖励和拥有奖励之间存在着一条模糊的界线。我曾经采访过玛丽和她的女儿弗兰。弗兰有着青春期孩子的典型特征，比如，早上你不冲她大声吼叫的话，她绝对是赖床不起的。弗兰成绩不佳，正面临退学的危险。玛丽告诉女儿，如果她努力学习，就会给她买一辆配有减震器等高级配置的钛合金山地车。当弗兰得知自己有可能得到一辆山地车的时候（即她“期待”时），她发生了什么变化呢？她说话时变得彬彬有礼，会主动完成家务活，还参加了每周一次的学习小组，浑身都散发出积极性。当她得到自行车之后，又发生了什么变化呢？她从早到晚地骑着这辆车，享受骑车越野带给她的快乐。同时，她的成绩又开始直线下滑，一个月之后，又恢复了以前的老样子。

当人们得到奖励时，就得到了满足。正如我们饱餐完一顿美食后，就不会再有吃东西的欲望。当我们对奖励充满期待时，就会充满行动的动力，也会为了得到奖励而甘愿冒险。这一过程使我们精力充沛，而且充满了乐趣。当我们充满好奇心并期待进行探索时，往往就会得到两全其美的结果：

- 因对新奖励充满期待而兴奋不已。
- 拥有奖励后会给我们带来满足感。

在诸多研究之中，科学家使用脑部扫描技术时发现，当人们不知道将要发生什么事情时，或者当人们期待得到某种奖励时，纹状体就会变得活跃起来。如果多巴胺对获得奖励的可能性起反应，那么它就应该能激励我们去寻找这些奖励。事实也确实如此。在进行探索之前，人们希望自己的探索能得到回报和奖励，此时纹状体就会活跃起来。比如，我们在酒吧里想和一个美女搭讪，无论结果是让我们滚蛋还是留下了电话号码，在我们采取行动之前，纹状体都会变亮。

这一发现非常重要，即我们的大脑使我们为行动做好准备。当我们身处一个新奇而不确定的情景中，突然发现某个一直期待的好东西时，我们会看到纹状体里多巴胺变得活跃起来。纹状体使我们的身体作好准备来迎接这些新奇的机会。

新奇 + 开放和接受的态度 = 接纳新信息融入个人成长之中

我们的身体做好了各种准备：注意力集中到当前时刻，身体调动能量以应对即将来临的挑战，开始采取行动，一步步地靠近新奇事物并从中获得回报。美丽的日落或一段优美的旋律都会吸引我们的注意力，我们也会保持这种关注的状态；为了充分利用他人新奇的评论，我们需要说出内心的想法，展露微笑，并表现出兴趣。

有一个重要的发现：并不是所有的奖励都能让纹状体释放出多巴胺。当我们发现某事新奇、不确定而且充满挑战性时，会努力探索未知领域，此时多巴胺产生和释放的速度就会加快。此外，当新奇事物对我们个人来说很有意义或很重要时（想象一个 5 岁的小孩坐立不安地想打开圣诞礼物时的情景），大脑也会产生出大量多巴胺。

好奇心的两种模式

好奇并不是一个毫无色彩的神经活动过程，而与人们的情感息息相关。有时，在好奇心的探险过程中会产生愉快、兴奋的感觉，这就意味着我们大脑中除了纹状体里产生的大量多巴胺，还出现了大量的阿片类物质。阿片类物质是一种神经递质，它是人们在享受生活的馈赠时产生的。

好奇心模式 1：多巴胺和阿片类物质

好奇通常是指一种愉快、兴奋的状态。我们很享受不确定因素和新奇事物，因为它们能激发起兴趣。而且我们对未知事物充满惊讶和好奇，并为之深深地吸引。我们还经常刻意地去寻求新奇性、多样性和各种挑战。

好奇心通常与快乐联系在一起。比如，家长会倾听孩子兴高采烈地描述郊游的经历，一个少女会随着广播里一首陌生的歌曲忘情地起舞，人们还会沉浸于精彩的谈话、书籍、电影或游戏之中。大多数积极经历都会包含不同程度的好奇心和探索过程，无论是音乐、舞蹈、瑜伽、运动、休闲阅读、电影、远足、旅行、亲密交谈、有趣的传统游戏，还是在家中、工作场所、飞机上、火车上或任何地点全神贯注于某项活动。

好奇心的情感模式是可以在我们的大脑回路中发现的。当我们在进行快乐的探索之旅时，如果我们能进入自己的大脑内部，就可以看到大量的多巴胺和阿片类物质。

好奇心模式 2：不仅仅只有多巴胺

但是好奇心并不仅仅包含快乐，它还常常伴有紧张和沮丧等其他情绪。我们也有可能因为已知领域与未知领域之间的差距而感到痛苦，比如："我眼里到底是什么东西弄得我不停地眨眼？""停车场里这么多车，鸽子为什么偏偏把粪便拉在我的车上？"我们可以看到大脑中好奇心的情感模式和激励模式的独特性。多巴胺先存在于大脑之中，很久之后才出现阿片活动（如果能出现的话）。

我们需要对某物进行了解而激起了好奇心，当我们得到答案并体会到一种充实感时才会感到快乐。只有当我们把空缺填满，才会获得良好的感觉，才可能产生平静、焦虑减轻、兴奋等不同的情绪。比如，当电脑罢工让你手足无措时，你会抓狂不已。你试着解决问题，焦急地等着电脑技师接电话，然后两个人费劲儿地修了好几个小时也没有成功。你很想知道到底是怎么了，此时的你丝毫不会感到快乐。有时，只有当问题得到解决时，人们才会得到满足感。

这就是我们在所有情景中都会发现的一种模式。比如：去相亲的人往往都会想，要见的人是否跟他们有相同的感觉；老师们很好奇什么样的奖励和惩罚会使学生们乖乖听话；经理们则好奇是什么引起上个月的生产力产生波动。无论我们对何事感到好奇，最终我们都想得知答案并消除困惑。当我们寻找新奇和不确定信息时，即使当时并没有感到兴奋，或者我们的渴望并不是特别强烈，多巴胺细胞都会变得十分活跃。在这种情况下，我们能看到大脑中大量的多巴胺在活动，却很少看到或根本看不到阿片类物质的活动。

好奇心可以缓解未知事物带来的压力，正如它能给我们带来快乐一样，这两种特性都是非常普遍的，而且它们都可以促使我们对未知事物进行调查和探索，并为我们了解世界打开一扇大门。有时，我们会发现崭新的意义，会发现看待世界和人生的新视角。当然，如果我们不能保持这些体验，我们最终所获得的不过是一些转瞬即逝的美好体验。

好奇的体验如何被保存

在这里，我们也需要讨论大脑中的另外一个部分——海马以及它在记忆中所起到的作用。纹状体里的多巴胺，不管它是像机关枪一样活跃，还是保持静止状态，对好奇心以及探索行为都是非常重要的。如果缺乏多巴胺，你就会变成一个对任何事都提不起兴趣的大懒蛋。如果能多巴胺增多，你就会全身心地投入到世界中，去搜寻并发现新事物。多巴胺在纹状体中活动到达顶峰的时刻是在我们依据好奇心采取行动之前，此时我们仍在犹豫是否要去抓住奖励以及如何抓住这些奖励。多巴胺是否有助于我们在体验新事物之后获得学习和成长，这一点尚不清楚。不过看起来它确实需要海马的帮助。

大多数的积极体验都是短暂的，短暂到只给我们带来转瞬即逝的快乐。如果想维持一种积极体验，我们就需要把信息转存到记忆库里。我们需要加以关注，需要充满兴趣，而且还需要确保这一积极体验在众多刺激中能够脱颖而出。

对曾经遇到的事物或者曾经探索过的事物，我们只能记住其中一部分，原因何在？为什么我们能牢牢记住某些事情的细枝末节，而对某些事情却毫无印象？其中一个原因就是大脑颞叶中被称为海马的那部分有没有被激活。新奇的信息和经历主要就是在海马这儿被转化为长期记忆，海马对新记忆的产生起着非常重要的作用。

人们对海马的认识来源于多年的实验和外科手术。海马受伤的人在回忆某些个人经历时会出现困难。如果想把好奇的体验保存为长久记忆以便于指引我们寻找幸福，我们就需要海马，它是大脑边缘系统即情感系统中非常重要的部分。

当海马内的大脑回路全力工作时，我们不仅可以回想起某个积极的回忆，也可以回忆起当时的一些细节，比如，那件事情是在何时、何地发生的，周围还有什么人，当时我们有何想法和感觉，事情是怎样发生的，有了这些丰富的细节，我们就可以回味那些充满好奇心的时刻并从中有所收获。近期还有研究表明，海马除了可以使我们记起过去某件事情发生时的背景细节，还可以帮助我们想象将来有可能发生在我们身上的事情。创新和想象就是在这个小小的区域里生根发芽的。

如果海马被激活时，你正在焦急地等待奖励的出现，那么我们就不仅会感到好奇，而且还会渴望进行探索。我们最好能够紧紧抓住这些时刻用于扩展自我意识。如果你认为好奇心只与单一的神经回路有关，那你就错了。多巴胺、阿片类物质，以及海马在大脑中构成一个整体，使我们把那些有意义的时刻变成持久、丰富而有意义的人生回忆；这一整体共同起着重要的作用。

CURIOUS?

DISCOVER
THE MISSING INGREDIENT TO A
FULFILLING LIFE

第二部分

运用你的好奇心

第4章 让好奇心帮你有效投资时间与精力

幸福人生的起点就是那些既有趣又有意义的时刻。2007年，普林斯顿大学的经济学家艾伦·克鲁格（Alan Krueger）和诺贝尔奖得主丹尼尔·卡尼曼（Daniel Kahneman）以及他们的同事一起发表的文章《我们有更多乐趣吗？》引起了全世界的广泛关注。在过去的50多年里，社会的发展、经济的繁荣和技术的进步让我们对空闲时间的安排有了更多选择，但却面临一个问题：这些新选择能使我们把时间用在最关心的事情上吗？我们得到满足了吗？获得人生意义了吗？

大多数人的答案是否定的。他们每天只有不到20%的时间用于有意义的活动（比如与密友交谈、锻炼、娱乐）或者有意义的工作。

从构建幸福时刻开始

人生不一定非得这样，不一定每天都必须充满“苦差事”。我们可以利用好奇心把日常生活中枯燥无聊的工作转变成快乐有趣的事情。这些兴趣提升策略会使我们有意识地从日常惯例中寻找并塑造惊奇和乐趣。兴趣一旦被激发，好奇心就会多一项职责，即确保这些充满乐趣的时刻长久地持续下去。

如果我们对所从事的事情丝毫不感兴趣，那么就几乎不可能有动力去实现重要的人生目标。当我们兴味索然时，我们的承诺、努力、创造力、毅力、执行力等优良品质都会大打折扣。

兴趣的激发和维持这两个简单的过程，正是幸福人生的核心所在。

几乎所有人都渴望获得幸福，或者至少要比以前更加幸福，但是令人惊讶的是，我们都会忽略一个问题，即如何才能提高我们的幸福指数。如果想提高人生质量，首先就要审视自己如何看待那些耗费大量时间的事情。可以试着问自己这几个问题：我在自己非常喜欢的、每天早上醒来时让我觉得人生充满意义的事情上，花了多少时间？我在不喜欢的事情上花了多少时间？如果有支配时间的自由，我是不是可以理智地把时间用在真正给我带来快乐和意义的事情上？我能不能让不太有趣的事情变得有趣起来？

克鲁格和卡尼曼向我们展示了普通美国人的日常生活。他们运用独特的方式研究普通人的生活后发现，每个人都是一个不可靠的记者，我们对生活中真实发生的事情，尤其是对某事的感想进行着不切实际的记录。当我们向他人讲述过去的事情时，记忆往往会对好的事情加以美化，而对坏的事情加以丑化，有时我们还会说些无伤大雅的谎言，只为给他人留下一个好印象。因此，当这些科学家让被试回想他们人生中的某一天时，会要求被试像放电影一样回顾这一天里所做的事情，从一个场景到下一个场景，从早上起床一直到晚上睡觉为止。

通过了解人们生活中真实发生的事情，我们就可以诊断出问题所在，就能发现自己的力量，学会如何更好地使用这些力量，并且探明哪些事物值得我们接受、哪些事物需要进行改变。

学会分配时间和精力

随着科学工具的进步，深入探究人们的生活变得越来越容易。为了了解美国人在一天的时间里到底都做些什么，研究者与 4 000 名美国人进行了谈话。他们要求受访者把之前的某一天以 15 分钟为单位分成不同的片段，并回想在这些时间片段里做了哪些事情、与谁在一起、当时有何感想。这 4 000 名受访者是从美国各地挑选出来的，与美国人口普查中年龄、性别、种族等的比例分布几乎一致，因此此项研究具有较高的可信度。

我们在这个星球上存在的时间很短，那么，在这短暂的一生中，有多少时间是愉快、有趣或者有意义的呢？我们是不是挥霍掉了每一个宝贵的当下？

发现力量的来源，发现人生意义之所在，我们就可以想办法来加强这些时刻——让幸福时刻变得更多，使它们持续的时间更长，或者对幸福时刻更加留意，这样就可以更好地品味它们。当然，对人生中那些不尽如人意的事情进行仔细的审视也同样重要，你会惊奇地发现你竟然把许多时间都浪费在这些事情上。看清楚了问题，我们就可以扪心自问，是否准备好赢回一些被浪费的时间了？我们的工作中、人际关系中或者我们的自由时间里，能否挤出更多幸福？

我很想与大家分享一下上述研究的发现，虽然大多数研究结果都不怎么令人愉快。为了使这些发现对你们来说更加形象，我希望你们能在大脑中想象出一个分为 6 块的饼状图，其中每一块都代表了人生中的某种时刻，这 6 块拼在一起就代表了一个普通人一天的生活。即使这个饼状图可能与你的生活并不完全相符，不过我觉得把你自己与周围的普通人进行比较也可以得到一些有益的收获。

我把这个饼状图称为“人生圆饼”，让我们从最诱人、可口的那块饼开始，然后逐渐转到最讨厌、最不受欢迎的那块饼：

- 最令人愉快而有意义的活动：派对、运动、身处大自然、听音乐、性爱、玩乐等活动占据了一天之中 17.1% 的时间。
- 令人愉快的活动：散步、看书、煲电话粥、上网等活动占据了一天之中另外 11.5% 的时间。把前两项的时间加在一起，你可以发现一天之中只有 28.6% 的时间用在那些令我们感到愉快的事情上。
- 麻木的思维：一天之中另有 22% 的时间被用来减缓压力，我们既不会感到快乐，也不会感到痛苦，这些活动包括看电视、吃零食或者是什么也不做。这些时间累积起来就像一个黑洞，既没有任何感情可言，也毫无实质内容，更没有值得我们回忆的地方。
- 无聊的琐事：在清醒的时候，我们会把 14% 的时间花费在无聊的琐事上，比如打扫院子、刷碗洗盘子、出门倒垃圾等。很多人都很惧怕这些琐事，甚至在动手之前就心里发怵。当我们很不情愿地完成这些琐事时，这种消极的情绪反而变得更为强烈。
- 工作或上学：饼状图中最大的一块饼占据了一天之中 31% 的时间，主要是用于工作和上学的时间。请注意，这是 4 000 名受访者的平均状况，同时也不能忽略人们对上学和工作的不同观点。有些人很讨厌工作，他们只是为了养家糊口不得不工作，我将在后面的章节中对这一点进行详细的讨论。而对有些人来说，工作为他们提供了施展自己才能的机会，也提供了证明自我存在价值的机会。对他们来说，工作和游戏之间的界限往往模糊不清。他们手里拿着职场男女常用的小型笔记本整日忙忙碌碌，如果你要问起他们所做的事情以及他们有何感想，你会得到一个惊人的结果：他们在工作中得到的乐趣是他们从娱乐中所获得的乐趣的 3 倍。他们心中充满使命感，有着明确的人生目标，明白工作并不是一件可怕的事情。但是有些人却错失了这些时刻，直到一整天的工作结束之后才会去体验人生的幸福感。因此，你对这块饼作何理解是由你对工作或上学的态度决定的。
- 伤害和痛苦：对大多数美国人来说，每天有将近 20% 的时间被花费在无法令人满意的活动上；这就是饼状图中最不被人喜欢的那一块。这些活动包括上下班往返路途、修理电器、在车辆管理所排队等待等。平均来说，我们清醒的时候有 20% 的时间被浪费在痛苦的事情上。这实在是太多了。

用接受和改变的态度看待“人生圆饼”

我们有多少时间是不幸福的？不同的研究团队使用的问题不同，因此针对这一话题所得出的结论也略有差别。不过这项有关“人生圆饼”的研究代表了所有美国人的受访者讲述了他们一天之中发生的所有事情，因此此项研究还是极具价值的。

我们与家人、朋友、同事的关系，我们的工作生活，以及私人时间，都是由各种各样的时刻组成的，有些时刻令我们头痛不已，有些时刻很容易被我们遗忘，而有些时刻则充满了快乐和重要意义。我们所能控制的仅仅是其中的一小部分。我们既不能把所有不想要或不喜欢的事情全部抛弃，也不能消极地接受我们的命运。但是，我们的心态却由自己掌控，是能够改变的。即使做出的改变微乎其微，人生中的大事小事也都是可以改变的。因此，我们可以选择一些崭新而又吸引人的事情，并使之成为我们的日常行为，这样我们会变得精力充沛。

“人生圆饼”可以让我们了解到努力的方向。我们能改变的主要来自每天 31% 的工作时间和 14% 的无聊琐事时间，然后是 22% 的看电视、吃零食或者呆坐着的精神麻木的时间。不要误解我的意思，当然，有时候放松一下让自己恢复精力要比其他任何事情都更重要。不过，我们好不容易得到了梦寐以求的空闲时间，却常常把这些时间浪费在一些日常琐事上，虽然这些事会使我们逃离艰苦的工作，但并不会带来什么回报。在很多谈话中，人们所谈论的都是些空洞无聊的话题。如果你无法恰当地滋养人际关系，那么人与人之间的亲密感很容易就变脆弱。

在对这 4 000 名受访者进行的研究中，最令人感到失望的一项发现是：人们只有极少量的时间被用在最令人快乐的5种活动上。比如，人们每天只有25～30分钟的时间用于做喜欢的事情：陪孩子一起玩耍，听听音乐，去看电影或体育比赛，身处大自然，参加派对。看看这个事实吧：我们每天只有半个小时的时间用于从事那些能带给我们快乐的事情；相比较而言，我们每天竟然把40分钟的时间花费在我们最讨厌的5件事情上。在其他研究中（受访者是大约1 000名来自俄亥俄州的女性以及1 000名来自法国的女性），人们在最喜欢的10件事情上所花费的时间不足一天的25%。显然，我们每天早上醒来的时候，头脑里冒出的并不是“及时行乐”的想法。

把这当成战斗的号角吧！没有谁一定要成为枯燥生活的奴隶。我想向读者揭露出问题的症结所在，但更重要的是，我想向你们展现出另外一种生活方式。

诚实地描述现实

自由和幸福一样，都源自我们如何支配时间，以及这种支配时间的方式会带来何种感觉。如果对这一重要信息熟视无睹，我们就无法知道如何才能获得幸福的人生。

无论是否有孩子，我们都知道当父母并不仅仅意味着温情的拥抱和孩子稚嫩的笑声，它还包括一大堆尿布等着你去清洗、孩子在半夜突然醒来、孩子生病时却预约不到医生或孩子无时无刻不需要照料等。但是，如果你问家长是否喜欢与孩子待在一起，他们的回答肯定是“我很爱跟孩子在一起”“哪个妈妈不喜欢啊”。当研究者让家长列举出让他们感到快乐的一些活动时，“照料孩子”名列前茅，然后才是和朋友在一起、给朋友打电话、做运动等。

尽管照料孩子是受访者列举出的最快乐的活动，但是当进一步问及具体事情时，研究者却发现，家长远远不如他们所认为的那样喜欢和孩子待在一起。

研究者要求这些父母重新回忆某一天，并说出在这一天中与孩子共处的感受，“照料孩子”降到了第 12 位，更令人不愉快的是上下班、做家务和工作。当然，这并不意味着照料孩子是件痛苦不堪的事情，而是说明，那些给我们带来无限快乐的时刻同时也带来了巨大的压力和困境。即便如此，也无法减少父母在抚养孩子的过程中体会到的意义感。这些发现让人们明白，照料孩子过程中的痛苦和不适十分正常，它们能使父母真正认识到自己的真实感受。在孩子出生后，许多父母都会感到生活中缺失了很多快乐，这种情况会一直持续到孩子长大成人、自立门户。但是要知道，积极情绪只是幸福的一小部分，而孩子为我们开辟了通向幸福的其他途径，为我们的人生带来了无与伦比的持久意义和目标。

如果你希望得到充实的人生，那么就应该停止回避，勇敢地面对现实：并不是所有的时刻都给我们带来同样的感受。一般来说，父母和孩子共处时所感受到的快乐是极少的。为什么呢？因为和孩子在一起时，快乐的下限会持续降低，坦白来说会降到谷底。但是快乐的上限会上升，甚至上升到令人难以置信的地步。尽管孩子们使我们疲惫不堪，但是我们可以运用一些策略来更多地体验到美好充实的感受。有时必须要经受一些考验，才能享受到人生的更多美好。

所以，请你审视一下自己的人生，请仔细观察每时每刻所发生的事情——对生活的关注可以使你远离迷幻恍惚的状态。它会激励你去湖边散步，给好朋友打个电话，和孩子玩玩呵痒游戏或者玩其他孩子正感兴趣的游戏。也就是说，它会给你的生活注入激情。现在，你可以首先消减或改变生活中最繁重的那一部分。

生活中的 5 种重要时刻

这项关于人们如何消磨时间的研究也许会让人有些悲观，但是它也传达出一个令人振奋的信息：我们可以测量人生中令人满意的时刻和不合心意的时刻，并做出改变。我们可以增加一些能优化幸福感的活动，同时也要避免那些使我们偏离幸福的活动。不过在此之前，我们需要深入了解自己的行为动机，也就是说，哪些因素促使我们去做喜欢的事情？为什么远离讨厌的事情如此困难？我们正在从事的事情以及将要从事的事情可以被分成 5 种，每一种都对我们的生命质量产生不同的影响：

- 我们真正喜爱并且想一直持续的活动。
- 我们不喜欢，也不必需，对人生造成负面影响的活动。
- 我们不喜欢，但是为了某些重要原因有必要持续的活动。
- 能使我们放松并且补充体能的活动。
- 我们没有参加，却有可能对人生产生积极影响的活动。

有些活动本身就很有趣，我们无须他人督促就会自觉坚持。如果你对实现某一确切目标充满了激情——无论目标大小，你就有动力去实现这个目标。你的兴趣、努力和好奇心将会帮你向前迈进。

我们的爱好、兴趣和娱乐活动都属于我们所期待的活动（如果工作是你的人生使命或者人生目标，那么工作也可以归在这一类）。在某项任务中，我们的好奇心越强烈，就越乐意为之付出努力和精力。而且，我们越是沉醉其中且充满积极性，越不会觉得费力。因此，当我们充满好奇心时，就不容易感到精力耗尽，就能够长时间地坚持任务。

充满兴趣的人自然也更有毅力和能力，而且浓厚的兴趣会保证较高的工作效率。因此，经理、主管、教练、老师、父母，甚至是恋爱中的情侣都该留意这条建议：把任务分配给对其更有兴趣的人。

有些活动本身没什么意思或者价值，而且持续进行这些活动可能对我们的健康造成危害。对那些我们不喜欢的活动，下定决心放弃是最好的解决办法。放弃它们，减少压力，能使我们保存精力，以便把精力用于去做更有价值和意义的事情。

还有些人持一种激进的观点：如若不是非做不可，我们就没有任何理由继续正在进行的活动。如果我们确实感到了非做不可的强迫感，就可以密切关注“如何”以及“为何”会有这种强迫的感觉，这样就可以重新校准日常生活中快乐时刻和痛苦时刻所占的比例。

我们常常在错误的观念及动机的指导下让自己忙于不喜欢的事情，其目的就是为了避免痛苦（而不是寻找奖励）。举个例子，你最喜欢的乐队要来这里演出，你正打算去买门票，但是突然出现了一件不是特别紧迫的事情需要处理。你也许会这样对自己说：

> “如果我不帮小舅子清理车库的话，我老婆会生气。”
>
> “如果我这周末加班的话，老板就会知道我是值得信赖的，他也许会觉得我有管理方面的潜能。”
>
> “我不应该为了自己的享乐乱花钱。”

我们每个人都想努力避免给所爱的人造成伤害，总是试图给他人留下一个良好的印象。但是如果我们需要付出的代价太过昂贵，或者偏离了自己珍视的价值观，我们就是在无谓地承受痛苦。

有些活动无趣且痛苦，不过仍然值得我们强迫自己继续下去。如果我们的人生充满了激情乐趣或者平静安宁，那该多么美好啊。但不幸的是，我们的生活中通常充满了各种枯燥乏味而又无法逃避的任务，比如，洗碗、在狂风大作的冬夜去给汽车加油、给信用卡公司打电话去纠正上个月账单中的一些问题，这些都是现代生活必须要面对的。

再回到之前提到的抚养孩子的问题上来。换尿布的过程毫无乐趣可言，尤其是当小宝宝不停地踢腿和哭闹时，但是尿布还是得换。抚养孩子是一个漫长的过程，正如你想避开工作中的苦差事一样，换尿布也是抚养孩子过程中的苦差事。如果你为人父母，你会把抚养孩子看作有价值的重要事件。当看到宝宝把一碗汤弄到地毯上或溅到墙上时，你不会退缩；当宝宝凌晨 4 点从噩梦中惊醒时，你会耐心地安抚他重新入睡。因为对孩子的爱，你才得以坚持下来。

但是，正如前面提到的研究结果所显示的，抚养孩子这件事充满了压力。如果说它不会影响我们的身体，不会影响人际关系或者不会影响孩子出生之前自由快乐的感觉，那是非常虚伪的说法。

无论是抚养孩子、为了谋生而工作、与他人一起消磨时间，还是与邻居交往，都既有激动有趣的时刻，也常常会有痛苦、枯燥而又无聊的时刻。

有些活动非常重要且有价值，但无法令人感到满意，这常会让我们陷入困境。我们可以放弃这些活动，同时也面临现实问题。比如，我们可以放弃一个不喜欢的工作，但是下个月就有可能缴不起房租。我们也可以像往常那样继续下去，但是每日重复的工作却给我们带来一些副作用：疲惫、焦虑、绝望和愤怒。或者我们还有另外一种乐观的选择：调整自己的满意度，即借用好奇心这一催化剂把日常工作和活动变得更加有趣、更有意义。

有些活动使我们暂时休息，重新补充寻求好奇心的能量。如前所述，大多数人每天有将近 25% 的时间是处于思维麻木的停工状态。如果你认为每时每刻都需要保持好奇和开放的心态，那就大错特错了。事实上，尽管充满好奇心时我们会感到精力充沛，我们仍然需要重新积蓄能量来应对周围世界的各种挑战。

比如，你正在练习跑步或举重，当练习了一段时间之后，你的肌肉会变得很疲劳，此时，你需要让肌肉得到充分休息之后才能重新开始锻炼并逐渐达到最大强度。与人们普遍认为的看法恰恰相反，锻炼并不会使肌肉生长，而是当你放松休息或者睡觉的时候，肌肉中极其细微的组织撕裂才能得以修复，肌肉才会增厚和拉长。如果你跳过休息阶段，过度训练只会让肌肉变弱，你的身体状况反而变得更加糟糕。

同样，你比他人工作更长时间、效率更高或者更加努力，每天只睡 2 ～ 4 小时，如果你认为这是一件值得自豪的事情，那就是自欺欺人。精神病学家戴维·丁格斯（David Dinges）曾对睡眠剥夺做过深入的研究，他在节目《60 分钟》（*60 Minutes*）中是这样说的：

> 它对我们快速思维、迅速反应以及记忆事物的能力造成的损伤是日积月累的，而且这种伤害立竿见影……如果一晚上只有四五个小时或者 6 个小时的睡眠，大多数人的注意力、记忆力以及思考问题的能力都会受到影响。第二天晚上情况会变得更糟糕。第三天晚上情况会继续糟糕。每一天都会给你增加额外的负担，并影响你的认知能力。

我们习惯性地做某件事情，但这并不意味着它能帮我们达到预期的目标。美国尼尔森媒介研究（Nielsen media research）在 2008 年收集到的数据显示，平均每户家庭每天看电视的时间竟然达到 4 小时 18 分钟！而英国和世界其他地区的情况也差不多，平均每人每天看电视的时间为 4 个小时。当人们被问及看电视有何感受时，他们说看电视既不会感到快乐也不会感到放松；通常情况下，人们看电视时思维麻木，或者会产生些许不满情绪。无论电视有哪些功能，它通常不会像我们想象的那样使我们得到放松和休整。其他日常习惯可能也有着同样的效果。

我们需要能量来追随我们的好奇心，同时，我们也需要好奇心来发现哪些事物能使我们恢复能量。有必要的话，我们可以仔细观察所从事的休闲活动，并进行实验和调整，这样就可以发现真正适合我们的活动。这一过程需要我们亲自进行、不断尝试，不能仅凭主观臆断和设想。我们可以在笔记本上画一个0分（毫无感觉）到10分（感觉非常强烈）的刻度尺，在其中记录下你从事某项活动之前和之后的感受（比如感兴趣、精力充沛、放松、无聊、疲惫、烦躁）。

尊重你的个性，无论你非常外向（喜欢社交、相当自信），还是非常内向（含蓄内敛、安静少语）。有些人喜欢通过与他人交往来使自己恢复能量，而有些人则更喜欢独处。不要去做那些由你的性别、年龄或职业所决定的“应该”做的事情，也不要随波逐流、盲目模仿他人；你应该遵循自己的好奇心和兴趣。你应该像一个2岁的孩子那样拥有广泛的兴趣，不受任何条条框框的束缚。下面是一些看似十分离奇的例子：有些青少年觉得洗碗使他们放松，有些健美运动员通过足疗来进行放松，有些建筑工人闲暇时喜欢阅读若泽·萨拉马戈（Jose Saramago）或米兰·昆德拉（Milan Kundera）的著作，而有些家庭主妇则选择在山间小路骑上一段山地车来放松。这些例子可不是瞎编的，我确实曾经遇到过这样的人。让我们把分类、标签或模式化都统统摒弃吧，因为人为的障碍只会阻止我们了解自己，阻止我们依据自己的兴趣做出选择，阻止我们获得成长所需的能量滋养。

有些活动从未出现在我们的人生轨迹中（我们曾拒绝它们，或者从未考虑过）。前面所提到的4种活动有一个共同点，即我们都会积极地参与其中。不幸的是，还有很多活动，我们甚至从未想过去尝试，因为我们认为，这些活动有可能非常无聊，给我们带来痛苦或者会浪费时间。这些观点或许是从父母、朋友或者某个我们尊重的人那里听到的。

让我们来看一看各种贫民区文化的典型特点：“男子气概”和“街头规则”，即维持尊严高于一切。有这种文化背景的男人从他们的偶像那里学到了：时刻准备好与他人搏斗，永远不要示弱，要把当权者视为敌人。他们认为这些方法能使他们处于社会等级制度的上层。不过，接受了这些观点也就意味着他们会错过很多有乐趣的活动。我们总是过早地得出结论，把自己限制在非黑即白的世界观中。我们有时也充满好奇心，但是却畏缩不前，甚至没想过好好利用我们的好奇心，最后好奇心会变成我称为的“未被满足的、残留的好奇心”。我们不敢去做自己最喜欢的事，最终悔恨度日，而我们正在从事的事情永远成不了最想做的事情。

那么，如何创造出一个能让我们自由游弋的广阔空间呢？如何找到人生的乐趣和意义呢？解决办法就是要保持开放的心态，要进行观察、实验和执行，然后适时做出修改。最坏的结果也不过就是尝试了一种人生经历，最好的结果却是找到了新鲜持久的兴趣、激情和意义。

谁知道我们因为缺乏好奇心和探索而错失了多少东西？它也许不是什么能引起我们兴趣的崭新事物，也许仅仅就是从看似熟悉的事物中发现不为人熟悉的一面。我们向后退一步，用全新的视角去看待问题，就能从周围的人、物、环境或者工作中发现那些因我们提前做出草率判断而忽略的方方面面。

如何最大化激发兴趣

你也许会想，我们应该把时间用在令人兴奋快乐的事情上，这听起来很容易，可是真正从枯燥乏味的生活中寻找乐趣却不是一件易事，因为你忽略了我们之前讨论过的一个重要环节：激发兴趣。让我们再回想一下构成一天 6 种时刻中的前 5 种，其中只有一种时刻是用于我们感兴趣或好奇的事情。在我们启程去寻找持久的激情之前，首先需要激发自己的兴趣，不过兴趣既难以激发又易于消逝。正如著名的教育改革家兼心理学家约翰·杜威（John Dewey）在 1913 年的文章中所说：“你需要先抓住兴趣，然后才能坚持兴趣。”

我们的主要困难在于：如何坚持那些本身并不吸引人但是又很有必要的工作？如何遇到有可能会吸引我们的事情？不能再继续这样生活，不能再把每天 75% 的时间都浪费在没有乐趣的事情上，我们应该发现给这些时间注入活力的新方法。

由心情开始

对那种一开始就索然无味的活动来说，保持一个好心情是激发兴趣的第一步。你需要的是一个宝贵而激动人心的时刻，一个能唤起激情的时刻，一个能吸引你注意力的时刻，即使当现实与预期相反时，你也能保持一个开放的心态。无论是强制的事（比如每天要乘车上下班）、重要的事（比如泡在洗涤槽里的碗碟必须洗），还是无法逃避的事（比如你在餐桌前刚坐下，老板就坐到了旁边，这让你感到很不适），好心情永远是点燃激情火花的打火石。

若你心情不错，就更容易把上面的方法付诸行动。你会觉得如果心情不错，就必须做些有趣的事情（注意，我们常常会搞错，因为有时心情会受到多方面的影响，比如天气、荷尔蒙，或者是一些与我们正从事的事情毫无关系的因素）。

好心情往往有传染性。如果你的老板溜达着走进办公室请你和同事们吃寿司（假定你很喜欢吃寿司），这种积极的情绪就会进入你的工作当中。无论你是否留意到，这种善意的举动都会给你带来愉快的心情，并且能促使你更努力地工作。你的老板大概在第一次请你们吃鳗鱼卷前就知道这一点了。

当感觉良好时，我们会对任何引起我们注意的事情更感兴趣，会用不同的眼光看待周围的世界，而且还会发现很多事情都比原先想象的还要有趣。我们更容易把困境当成一种挑战，而不是对安全或自尊的一种威胁，而且也会玩得更加开心。让我用下面这种区分来解释一下刚才的说法：

- 当我们相信某种情况超出我们手头的资源（即能力、社会支持等）时，这种情况就被视为“威胁”，会使人生畏、感到恐惧。
- 当我们相信自己能够有效地操控所需资源时，这些情况就被视为“挑战”。

当人们心情大好时，压力就被转化为兴趣，人们会更乐意把能量注入所从事的活动中，并且加倍付出努力，从而成为受团队欢迎的完美职员、学生、朋友或运动员等等。

利用我们的优势力量

人们可以通过提高工作的挑战性来施展自己的优势力量。当我们使用自己的优势力量时，会感到精力充沛，浑身充满活力，也能体验到乐趣，并沉浸其中。我们忘记了自己，全神贯注于手头的工作，且会尽自己最大的努力。

我曾经为一个名叫弗雷德的客户做过心理咨询，他为了让自己远离工作中的烦恼，会有意地创造一些能利用自己优势力量的机会。

弗雷德是纽约市中央火车站的一名清洁工。作为一名没有什么专业技术的工人，他拿着一份还算不错的工资。但是中央火车站是纽约市最繁忙的地方，因此在这里当清洁工可不是件轻松的工作。多年来，他重复着这份没什么前途的工作，用他的话来说，这份工作“意味着他的全部生活”。这是一份三班倒的工作，他的职责就是不停地清扫乘客随手乱扔的垃圾和流浪者随地小便留下的污秽物，直至把车站打扫得干干净净。不过，他最终如何处理工作中枯燥乏味的重复和挫败感，要比他的本职工作有意思得多。

我们在谈话中提到了他的各种优势能力，其中有一项能力特别突出：他能够为家庭派对或街头聚会想出各种让人们玩得很开心的游戏。不过他从来没想过把这项能力运用到工作中去。现在他把每天擦地板、倒垃圾桶、疏通马桶等工作当成体育运动。每项工作开始的时候，他都要进行计时，并把用时最短的时间记在一个皱巴巴的小笔记本上。如果他的工作线路上有很多人，或者有很多脏东西需要清理，他就会把这些当成加大工作难度的障碍物。这种计时和竞赛的方式使得他的工作变得有趣起来。

当他向同事描述这种工作方式时，大家都哈哈大笑起来。但是弗雷德的个人挑战却给大家带来了新变化。几天之后，一些同事也开始像弗雷德一样给自己的工作计时，而且还为了争当冠军彼此展开竞争，他们互相调侃，向同伴讲述工作中遇到的讨厌的人和怪异的障碍。这种游戏性质的交流就像磁石一样把这些原本单独工作的人紧紧联系在一起，他们在完成任务的过程中充满了活力和主动性。以前，他们下班之后常常感到疲惫不堪，在家人和朋友的眼中简直就是一具行尸走肉，但是现在他们精力充沛，能积极地参加各种有趣的活动，再全身心投入到工作中去。通过激发自己和同事的好奇心，弗雷德彻底改变了原本看似毫无生机的环境，并且从中得到了回报。

把工作和趣味性联系起来

我们可以赋予任何一项工作游戏和趣味性。这种激发兴趣的方式体现在一个极好的例子上：美国全国公共广播电台曾经播过一个薯片工厂流水线工人的故事，他的工作就是要确保传送带上滚下的薯片都大小一致而且足够美观，这样的薯片才能装袋，他需要挑出其中不符合规格的薯片。他做这份工作并不是出于热爱，而是因为手头紧张，需要这份收入。让人吃惊的是，他在工作中发明了一种古怪的游戏，这使原本乏味的工作变得非常有趣。他会从薯片中挑选出与名人很像的薯片，并把它们收集起来（比如，有些薯片像极了猫王、玛丽莲·梦露，以及吉米·亨德里克斯[①]）。他不断地搜寻与名人相像的薯片，因此感觉时间过得飞快，而且他挑选不合格薯片的工作效率出奇地高。

在乔氏商店（Trader Joe’s）里，收银员都接受过专门培训，他们要学会向顾客提开放性的问题，并根据顾客的回答进行谈话。这是因为当顾客和工作人员的兴趣被激发时，双方都会受益。而且这种谈话也会带来额外利益，即能把好心情

---

① 吉米·亨德里克斯（Jimi Hendrix），1942—1970，美国著名吉他演奏家、歌手、作曲人。——译者注

传染给每一个人。他们并不会问类似“你好吗”这样的惯常问题，而是会问一些启发式的问题，比如，近来生活中有什么好玩的事吗？昨天晚上有没有看迈克尔·菲尔普斯的游泳比赛？你认为这个比赛怎么样？这个周末打算怎么度过？有时我会有意为难一下他们，因此我仅仅回答一两个字，但是他们总是坚持友好亲切的交谈，并且引导我进入愉快的谈话中。这就是我一直爱去这家商店的原因之一，相信还有成千上万的顾客和我一样。

上面的这些例子表明，当我们心情愉悦时，会更加努力地长时间工作，而且会更加坚定负责。一旦开始工作，我们就需要接受各种有创意的想法以便更好地完成这项工作。

而当我们提不起兴趣、无精打采的时候，则会得到完全相反的结果。如果你发现自己不得不从事某项并不喜欢的工作（比如家务琐事或者重复性的工作），那么游戏的方式不仅会让你的工作变得有趣，也会帮你把工作做得更好。

选择正确的向导和同伴

正确的向导和同伴可以帮助我们发现合适的切入点，激发我们的兴趣，并鼓励我们尝试新活动，认识新朋友，走进新领域。他们的积极情绪也会传染给我们。

无论这个向导是朋友、家人、同事，还是陌生的导师，当向导能够支持我们而不是指手画脚或者品头论足的时候，我们就可以做到最好。进入某个新领域既能带来积极的结果，也会带来消极的影响。因此，如果人们对不确定因素非常熟悉，并且懂得新事物天生就掺杂着复杂的情感，那么这些人就可以成为好向导。

正确的向导和同伴能创造条件，使我们把新事物当成一种挑战而不是威胁。当人们感到安全时，就会变得更加投入并乐于进行探索，也会变得更有创意而且真实可信。如果把整个世界比喻成一个游戏，那么向导就是我们在游戏中可以信赖的人，他们可以给我们鼓励和安慰，或者和我们一起冒险。游戏的舞台有利于我们在好奇心的推动下行动，并充分利用自己的优势力量。

当我们对周围人进行评价时，应该看他们是否支持我们进行探索和实验，因为这些探索和实验能对我们产生巨大影响，并且引领我们走向梦想中的未来。正确的向导和同伴能接受我们独特的品质，也能忍受我们适当偏离社会规范。他们对我们的接纳，正是我们勇闯天下的征程中所需的。为了利用好好奇心，我们不仅要坦然面对自己，明白如何才能利用好时间和精力，同时也要坦然面对周围的人。想知道周围人的态度如何，你可以考虑以下几个问题：

- 你的恋人对你的感情史感兴趣吗？或者你的恋人对你的感情史丝毫不感兴趣，并充满了嫉妒？
- 你现在的朋友对你年轻时的故事是否表示尊重，那时的你可能是冲动鲁莽的？或者他们喜欢说三道四？
- 你的亲人或密友是否注意到你的性格或兴趣在逐渐发生转变？或者他们对你的第一印象一成不变？

你需要对这些问题做出诚实的回答，否则的话，那些不必要的障碍物只会越来越多。金属乐队（Metallica）和冲撞乐队（The Clash）在首张唱片发行之后拥有了数百万狂热粉丝。随着乐队日益成熟，许多歌迷开始产生不满情绪，因为他们希望乐队能够保持原样，永远演唱同样的歌曲。而“真正的”粉丝却尊重乐队的自然变化。毕竟，如果你只想不停地重复同样的事情，为什么还要待在乐队里呢？这些粉丝也承认，如果自己在不停地发展变化，那么其他人肯定也在不停地发展变化，变化是人生中不可或缺的一部分。

你需要的向导应该能帮你解决问题，而不仅仅在问题面前痛苦挣扎。有了正确的向导，我们就可以对更广阔的领域进行探索。对向导这种保障的寻求，正是力量的象征，而不是软弱的标志。

从熟悉的事物中发现新奇

蹒跚学步的孩子喜欢孜孜不倦地在地毯上寻找破洞或者在墙上找寻污点，他们仿佛能发现大人们从未注意到的细节，这种情形让有些父母觉得非常有意思。可是对某些父母来说，这只是孩子们每天都要做的事情，如果没有人指出来，他们根本就没注意到这些细节。这两种父母的区别之一就是，他们是否乐意从看似熟悉而又理所当然的日常生活中发现新鲜事物。

我之所以用“看似”这个词，是因为从表面看来，重复发生的事物都是一模一样的，但是事实上，任何事物在每次出现时都带有不同程度的新奇成分。当我的孩子在厨房里玩耍时，当我的爱人在汽车里唱歌时，或者当我的老板对我的工作大加赞扬时，我们既可以对其中新奇的部分持开放的态度，也可以选择把它当成一件再普通不过的事情。

如果想提高自己的好奇心，方法之一就是有意识地避免对“看似”熟悉的事情进行预期、归类或者贴标签。我们往往很喜欢对某件事进行预先判断，因为似曾相识。有时则会轻易地回避某件事，因为觉得它不好。我问我的学生和客户喜欢听什么样的音乐，得到的回答通常是：“只要不是乡村音乐和说唱音乐，什么都行。”当我问人们在巴诺书店（Barnes & Noble）出售的各类书籍中最不喜欢哪类时，他们常常回答：“诗歌、哲学或读好几遍也读不懂的那类书。”当我问某些人为什么不喜欢体育运动时，常常得到这样的回答：“我搞不懂那有什么意思，也不想搞懂。”

为什么很多人总是不先尝试就对某人、某地或某事表达出强烈的厌恶呢？如果未能进行探索，我们就会为自己设立障碍，就会错过潜在的大好机会。在熟悉的事物中发现新奇的方面，目标就是停止做出主观判断。我们不应该把注意力放在对事物的主观预期上，而是要关注事物本身。研究证明，态度上的细微变化可以给予我们能量，并且改变我们评价事物的方式，即使之前被人们认为是愚蠢、无聊的事物也会发生改变。

实验探秘

在一项实验中，人们被要求去做一件他们并不喜欢的事，并且需要在做这件事的过程中发现三个新特点。这项实验虽简单，却彻底改变了人们对待事物的态度。比如，有一个 18 岁的小伙子，是一名健美运动员，他曾经嘲笑钩针编织是“老奶奶们的活计”，但是当他花了 90 分钟练习编织之后，却发现这是一项很累人的工作（他高估了自己手指的能力），而且能使人进行沉思（用他的话说就是“时间过得飞快”），他还发现可以用编织物来做双拖鞋（他后来就试着编了一双拖鞋）。

更有趣的是，几个星期之后，当研究人员再次联系被试时，他们发现：在实验室里，被试是按照实验人员的要求去发现新奇事物和不熟悉的事物，而现在即使没有实验人员的要求或督促，被试也能主动这样做。这项研究为被试打开了一扇窗，帮助他们发现了之前并不存在的机会，或者说，这扇窗曾经因为他们的偏见而被人为关掉了。

我们可以通过下面三种方法把实验的道理运用到我们的日常生活中：

- 很简单，选择一些你并不感兴趣的事物。比如，听一听摇滚乐或爵士乐，参加一次品酒会或是读一读维多利亚时期的小说。
- 找出这项活动中的 3 个新奇或独特的特点。
- 把你的发现写在纸上，也可以和他人聊一聊。正如那些被试一样，你会发现在随后的几天甚至几周之内，自己都会一直保持这种开放的态度和浓厚的兴趣。

这个小小的实验可以用于日常生活中的任何事情，比如那些你不太感兴趣却不得不做的事情。如果你是一名家长，不得不做的事情或许是给尚不懂事的 2 岁的孩子做饭，或每天晚上给 9 岁的孩子检查作业。在工作中，或许是无须动脑思考的数据输入或者烦琐的行政工作。在家庭生活中，或许是绞尽脑汁地想办法减少各项高额支出，或商量着去拜访双方最不喜欢的亲戚。

我们不应该再像以前那样思想封闭，或者在事情发生之前就武断地认定是浪费时间，我们需要为自己创造一点儿喘息的空间。如果这件事情不是你日常生活的一部分，那就问问自己，在动手之前如何才能从这件事中发现新奇和独特的方面？一旦沉浸其中，会有什么样的收获？如果这件事是你日常生活的一部分，那么此时此刻它与以前相比有什么不同之处？

峰终定律

我们的记忆其实对事实进行了各种各样的扭曲变形，有些记忆被夸大，有些记忆被贬低、忽略或者遗忘，现实最终被我们对过去的主观理解所替代。

人们的主观期待就像一个三棱镜，对各种人生体验进行过滤。我们在期待什么？这些期待能否得到满足？这个问题非常重要，因为如果对某事的记忆是舒缓愉快或激动人心的，我们就更希望在将来重复这件事情。如果某事在记忆中是非常令人厌恶的，我们就会把它永远拒之门外。情绪会影响我们对事物的记忆，但很少有人知道这一点。

实验探秘

结肠镜检查是件非常痛苦的事情。有两个患者西尔维娅和阿黛尔，她们都接受了长达 30 分钟的结肠镜检查，但是在阿黛尔的检查结束后，医生把内窥镜在她体内多放置了 5 分钟——这种感觉也许有些奇怪，但是此时的痛苦要比最初 30 分钟的痛苦轻得多。你觉得她们俩谁的感觉会更好一些呢？

也许你认为西尔维娅的感觉会更好，毕竟越是尽早穿上衣服，感觉就会越轻松。但是令人惊讶的是，阿黛尔的体验却更好一些，分析其中原因可以帮助我们更好地度过痛苦时刻。

某件事所带来的最强烈的体验（强烈的痛苦或快乐）以及此事结束的方式（痛苦地结束或愉快地结束）都会对人们如何记忆此事产生重要的影响。尽管西尔维娅所经历的痛苦要短一些，但是她在最后时刻体验到的痛苦感觉会持续很长时间。我们从结肠镜实验中可以得知，事情的结局会影响人们的记忆。参加实验的共有 682 名患者，在结肠镜检查结束后，医生会把检查装置滞留在一半患者的体内大约几分钟的时间。这些患者在这几分钟的时间里感觉到的痛苦比之前检查时的痛苦要轻得多，而且在检查结束时以及一个小时之后，这些患者都反映说他们整体感觉良好。现在，如果医生建议患者需要再次进行检查，你觉得哪些患者有可能会欣然接受呢？由此可见，结局是否快乐会产生大相径庭的结果。

另外一组结肠镜检查的实验也证明了这一观点。在这项实验中，患者分别接受了时间长达 4 ～ 69 分钟不等的结肠镜检查。我们也许认为那些不幸接受了整整一个多小时检查的患者比那些有幸只接受 10 分钟检查的患者感觉要更糟糕，但是令人惊讶的是，治疗时间的长短与痛苦和不愉快的记忆之间并没有什么联系（相关系数只有 0.03）。

人们对人生中各种事件的回顾性评价很大程度上取决于当时情感的强烈程度（比如极其强烈的好情绪或坏情绪），同时也受到最后时刻所体会到的情绪的影响。也就是说，我们可以利用这种所谓的峰终定律（Peak–End Rule）来改变自己对某事的兴趣和动机。

我曾问过一些人如何处理毫无兴趣却又不得不做的事情，发现他们在不知不觉地利用着这种策略：

- 沙恩正在努力减肥，他天天去健身房运动，锻炼完之后会泡个 20 分钟的热水澡。
- 贾丝明患有 1 型糖尿病，因此每天需要注射 2 次胰岛素。她随身带着 2 个骰子，每次注射完之后便掷一把骰子，如果能掷出 12 点便花一美元从网上给自己的 iPod 下载一首付费歌曲。从她谈论此事的语气中能明显感到，她对这个游戏本身的兴趣要超出对获胜的渴望。
- 迈克经营着一家 24 小时营业的有机食品商店，店里有 3 个收银员。他常常一连几个小时在店里转悠，并询问顾客收银员应不应该有权利选择在商店里播放何种音乐。顾客们对此很感兴趣，而且对收银员的素质也大加赞扬；同时雇员们也都热情高涨，对顾客更加友好，因此商店里的气氛要远远超出那些大型连锁商店。迈克乐于看到雇员们在下班回家前相互打趣彼此的音乐品位或者就选择哪些音乐而进行争论。毫无疑问，他们都士气高涨。

沙恩和贾丝明的例子表明，人们可以有意识地使正在从事的活动变得富有创意；迈克的例子则表明，人们可以激发他人做事的兴趣和激情。如果正在做一些表面看来很令人讨厌、痛苦或者枯燥无聊的事情，我们可以有意识地或者积极地创造出积极情绪或者快乐的结局——这种“峰终”体验能深深地影响人生的很多方面。

当你正在领导并激励他人时

当我给本科生和研究生上课时，我会寻找一些学生们感兴趣的例子，比如性、恋爱、电视、音乐和美食。这些例子非常有效，它们能让学生从瞌睡中清醒过来。

当我向学生们展示新材料时，我特别注意他们的情绪——他们是冷淡、无聊、焦虑，还是兴致勃勃？如果学习环境中充满有意思的团队任务、各种惊喜，以及很有意义的个人挑战，那就会激发起人们的兴趣。当然，挑战不能过于困难，否则就会带来焦虑的情绪或者让人心生厌倦。如果人们觉得有能力胜任某事，他们就不会过于关注自己是否看起来像个傻瓜或者担心自己是否会成功；他们反而更关注手头的任务。这就是激发好奇心和兴趣的最理想条件。

你也许会觉得工作和游戏之间应该泾渭分明，工作中绝不能出现游戏、社交和美食。如果真是这样的话，你就需要仔细考虑一下许多科学研究获得的发现：当人们玩得开心的时候，他们会变得更有创意，工作效率更高，更具合作精神，而且此时他们也会变成自主性更强的决策者。难道你不想让你正在管理的人具有这些品质吗？

最后，你需要牢牢记住自己的目标。如果你想让人们更感兴趣、更有责任心、乐意努力学习、掌握技能并且能长久地使用这些技能，你就不能回避兴趣的激发。

如果人们不感兴趣或者毫无动力，就很难使他们积极参与到活动中来。当你领导他们开展某项活动时，如果能更加灵活地应对人们表达自我的方式，就能从中获益。

严厉苛刻的规定只会妨碍人们寻找个性化的策略来提高自己的兴趣，使他们的表现和努力大打折扣。研究表明，**当人们感觉受到别人的监视或控制时，会体验到更加强烈的消极情绪且表现得更糟糕**。

如果时间紧迫，也会出现同样的问题，因为此时人们关注的是要尽快完成任务、不能失败，他们的兴趣会因此受到干扰。如果我们能放松监管和监督，采取更加灵活的方式，就可以提高人们的兴趣，使他们更加专注地投入到活动中。

锻炼好奇心的初级方法

不要因为人生中有很多更紧迫的事情，就把提高好奇心当成无足轻重的东西而置之不理。健康和家庭是最重要的，其次就是幸福，没有什么事情能比这三者还重要。如果我们在生活中充满好奇心，就能更轻松地获得更多幸福。我们需要为新奇事物留出足够的时间，正如为工作、看病或者任何无法回避的事情安排时间一样。如果想要变得更有好奇心，你就需要花点儿时间做出改变。

健身有一条可靠的原则，与提高好奇心很有关联，它被称为肌肉混合训练理论（muscle confusion）。如果你想改变身材，不管是增加肌肉、减掉脂肪，还是想变得更加强壮或灵活，你都需要不断地改变日常习惯。人类的大脑和身体天生就习惯于储存能量，并尽可能少地运动。如果你每天都去健身房，在跑步机上以同样的速度跑上 30 分钟，用同样的重量、同样的动作锻炼你的肱二头肌，或者每天重复做同样的运动，那么我敢说你很快就会进入停滞期。你的身体将会适应你的锻炼，而身体一旦适应，就开始进入“自动驾驶”状态，尽管你仍然在练习跑步、跳跃，或者进行肌肉训练，但是你的身体会停止发生改变。因此保持健康心态和健康体魄的关键就是要不断地对锻炼做出调整。比如，你可以改变锻炼的方式，改变锻炼时各种运动的顺序，改变身体的角度、动作的重复次数以及改变每组动作之间的休息时间等等。这样一来，你的身体会产生错觉，并做出调整以适应各种变化，会长出新的肌肉来完成训练，由此，你的身体获得了成长的动力。

如果想提高好奇心，我们也面临着同样的情形。细枝末节的小事也会改变你对待人生的方式。人们往往会选择循规蹈矩的生活方式，因为这样能使我们在这个充满不确定性的世界中获得一些安全感。但是我们也应该睁大双眼看清一个事实：能吸引人们注意力的新奇和刺激无处不在。我们可以随时随地改变习惯，改变做事的方式以及看待世界的角度。除了你已经知道的、想当然认为的以及期待发生的，还有很多新鲜事物值得欣赏并等待着我们去发现。我所指的心态是指对未知事物的期待，你也要认识到，你无法预测未来，这并不是说你很脆弱或者不够聪明，而是说你有很多机会去学习、发现和成长。

另外一个简单的方法就是要记住，不能过早地下结论或做出判断。你要记住一个道理，即我们总能找到看待事物的新方法，而且你也要知道，有时你太过于关注某些事情，有时又会忽略或者错过某些有趣的事情。每当你想对自己、他人、工作、世界、过去、现在和未来做出判断时，都要牢牢地记住这一点。如果医生给患者做出诊断时、研究人员在尝试着研究这个世界时、记者在报道新闻事件时、商人在启动新项目时或者政治家在做出决定时，都能遵循这个原则，这难道不是一件乐事吗？当我们乐于接受各种可能性时，就会发现各种可能性。因此，我们应当对所有事物都怀有开放和质疑的态度。

训练我们的好奇心并不是一件简单的事情，它并不像做心理咨询那样，每周一次就够了。它必须是经常性的，当我们开始改变我们对待人生的方式时，也就开始了总体性的好奇心训练。这个训练中可以遵循以下几项指导方针：

- 早上醒来时，我是不是看到了以前被忽略的事物？
- 与人交谈时，我要对任何事物都持有开放的态度，不会对它们进行分类、评价或做出回应，我要让新奇呈现出来，压制住对它们的控制欲。

- 在外面散步时，我要慢慢地引导我的注意力，以便于关注自己身体的每个动作以及所看到、听到和闻到的事物。
- 我唯一相信的是新奇事物无处不在，除此以外，我不会做任何假设和推断。如果怀有这种心态，我们做任何事情都会充满开放性和好奇心。

你可以每天拿出 5 分钟的时间来尝试一下这些方法。一周之后再增加一些时间。一定要保证在不同的情况下进行训练。比如，与家人或朋友共进晚餐的时候，在工作例会上或者在学校上课的时候，或者在你做运动、散步、做饭、吃饭或休息的时候，都可以尝试。这些方法会使你保持灵活的状态，而且你的好奇心不会受到任何情况的束缚。

如果你能坚持这种训练，你就会真正体验到“神经可塑性”，你的人生经历会有助于改善你的性格。我们首先需要激发兴趣并找到人生意义，继而在追求持续幸福的过程中创造持久的兴趣和激情。

第 5 章

如何创造持久的兴趣与激情

充满兴致和激情的时刻总会让我们精力充沛，并会激起更多的渴求。不过大多数情况下，我们的好奇心并不会持续太久，或许仅仅是在心情豁然开朗的瞬间，也可能是在拨云见日找到答案的片刻。寻找快乐，我们无须感到愧疚，但是彼此之间毫无关联的快乐时刻却并不是幸福人生的全部秘密。

当碰到某件有趣的事情时，我们既可以把它归类到积极记忆之中，然后继续生活，也可以试着继续保持这种令人着迷的感觉。我们谈论的是为人生中的话题、事件、人物和地点创造相对持久的爱好、兴趣和激情。我们所寻求的意义源泉是可以再生并且经久不衰的，因为只有这样，才能不断滋养我们的好奇心。同时，兴趣的加强和加深通常是自主发生的。对好奇心的探索，极有可能为持久的兴趣奠定良好的基础，而我们也有很多策略去提高这种可能性。持久的兴趣主要由我们在某项活动中发现的个人意义和个人价值来塑造。

意义是兴趣的增强剂

我仍然记得成长过程中第一次充满激情的尝试。那时我还是一个行动笨拙而且身体协调能力极差的少年，哪怕再感兴趣的体育运动我也不擅长。当时我对橄榄球很感兴趣，在球场上全速奔跑，用尽全力猛烈撞击持球的球员，这种感觉简直爽呆了。可问题是，我的这个梦想一旦到了球场上似乎就完全变了味。设想一下，如果用我 68 公斤的小身板去撞击重达 136 公斤的大块头，不肌腱断裂才怪，而且我也没有撞人的“癖好”。在我的第一场比赛中，为了阻截一名外接球员，我从他身后扑上去，没有扑中，结果肩膀着地重重地摔倒了。几分钟后，我就发现右臂完全无法活动了。接下来的几周里，我不得不从腰部到肩膀都打上了厚厚的石膏绷带，把右前臂固定在胸前。

之后我接受了很长时间的物理治疗，我记得期间通过电视观看了 1988 年的奥运会，尤其是铅球比赛。在我眼中，铅球是一项十分完美的运动：一个人站在直径约 2 米的圈子里，只有一个目标，就是要把一个重达 7.26 公斤的大铁球扔得越远越好。无论球扔多远，无论结果如何，都只有一个人负责。铅球可以说是一项最纯粹的运动，它是对力量、速度、平衡和训练的完美测试。

就这样，我对铅球一见钟情，当时我的双胞胎哥哥是我们高中田径队的队长，我向他咨询体育队里有没有优秀的铅球运动员。结果他说队里一个铅球投手也没有，也没有有相关训练经验的教练。但我还是向田径队的教练表达了我的意愿，并开始了对这项运动的不懈追求。

我开始积极地锻炼身体。我练习举重，喝小麦草和蛋白质的混合物，努力让我的小身板多长些肌肉。在一家快要倒闭的体育用品店里，我在一个清仓货架上发现了一个荧光绿的铅球，还附带一个聚乙烯材料的手提袋。我真怀疑从商店开业时起，这个铅球就一直摆放在那里无人问津。

没有教练，我只好自己琢磨怎样才能把这个笨重的玩意儿扔出去。我做的第一件事就是去图书馆找相关书籍。我无意中发现了一本讲解铅球投掷技术的生物力学的小册子，上面有很多黑白图片，演示了澳大利亚的奥运冠军们抛掷铅球的分解动作。尽管有一些语言障碍（小册子是德语的），我依然如饥似渴地仔细研读这本册子，每次训练时也都随身携带。每天上学的时候，我总是一只手捧着课本，最上面是那本关于铅球投掷技术的生物力学的书，而另一只手则拿着荧光绿的铅球。人们把我称作“拿大铁球的男孩”。放学后，我反复练习。我试验了各种颈部持球的方式，尝试各种滑步，还试验了各种姿势以获得更好的动力。我一遍遍地纠正自己的姿势，并用摄像机把自己的动作录下来不断做出改进。

后来发生的一些事情支撑了我的这一兴趣。我的铅球技能开始得到快速提高，我参加了一些比赛，并获得了不错的成绩，还应邀参加了全美锦标赛。当地报纸报道了我的事迹，就连那些曾经对我和我的宝贝铅球持怀疑态度的教练和同学也对我称赞不已。我倍感自信，一种成就感油然而生。我为下个赛季设定了更高的目标。这种激情、这种浓厚的兴趣，也注入了我人生中的其他领域。为了掌握某项技能，我会拼尽全力，付出艰辛的努力，也因此成为一名更优秀的学生。当我尝试其他新鲜事物时，或者当我与陌生人交往的时候，也变得更加轻松自如。铅球是我人生中的第一个至爱，它给予了我力量，并引导我去寻找珍贵的人生价值。

为了理解兴趣的激发与兴趣的持续之间到底存在何种联系，我们可以看看下面这个研究。

实验探秘

这项研究的对象是 1000 多名大学生，在这些学生参加心理学入门课程之前，研究者询问了他们对这门课程的兴趣。随后，每隔一段时间，研究者就会向学生们询问他们的考试成绩以及对心理学领域的理解。这个调查一直持续了 2 年时间。之后，研究者分析了学生们的分数，以明确他们参加了哪些课程以及他们在学校里表现如何。

主持此项研究的科学家发现，有的学生从一开始就对心理学有浓厚兴趣，他们很喜欢上课，而且在课堂上更易受到启发；因为他们充满兴趣，而且态度认真，因此更有可能把所学知识运用到真实生活中去。那些最感兴趣的学生能获得更好的成绩，并会主动选修更多的心理学课程，在这些课程中表现也更为突出，有些学生甚至还会选择心理学作为自己的专业。

为什么兴趣浓厚的学生会有更突出的表现呢？其中一个原因就是他们的目标是尽可能多地掌握心理学知识。与之形成鲜明对比的是，兴趣不高的学生却是怎么省事怎么来，他们觉得考试及格万岁，只要成绩别太差就可以了。对待第一堂心理学课的不同态度导致了他们大学学业上迥然不同的表现。

不管是学习、工作、运动、抚养孩子、处理家务琐事还是管理财务，如果我们能把即将从事的事情与更具深远意义的个人价值联系起来，就会对它产生兴趣并备受鼓舞。反之，我们就极有可能变得漫不经心或感到精疲力竭，甚至会在重重压力下表现欠佳。

运动员勃·金布尔（Bo Kimble）在面对痛失挚友的悲伤时，仍然在篮球场上顽强地实现了自己的个人价值。

20 世纪 80 年代末，金布尔和他最好的朋友汉克·盖瑟斯（Hank Gathers）征服了整个篮球界。他们在费城的一个破落街区就读于同一所高中。1985 年，学校的篮球队在他俩的带领下赢得了公众杯联赛（public league）冠军。后来他们获得全额奖学金升入南卡罗来纳大学。但把他们招募进大学的篮球教练被解聘了，于是他们只得一起转校到了位于洛杉矶的洛约拉马利蒙特大学（Loyola Marymount University），并加入了默默无闻的校篮球队。然而在金布尔和盖瑟斯的带领下，这支原本成绩平平的球队竟然得分过百，在连续 4 天内的 3 场比赛中斩获了 157 分、150 分和 148 分的佳绩，让整个体坛都为之震动。

1989 年，盖瑟斯成为历史上第二个同时在得分榜和篮板球榜上排名第一的球员，金布尔的排名在他之后，相差不远。1990 年，在一场半决赛中，在做了一个让全场 3000 多名观众为之疯狂的暴扣灌篮之后，盖瑟斯摔倒在地，当场猝死。

当金布尔带着沉痛心情重返篮球赛场之后，他顽强地带领球队闯入了共有 64 支球队激烈角逐的比赛决赛，并最终把名不见经传的洛约拉马利蒙特大学队带入了前八强。他也因此登上了《体育画报》（*Sports Illustrated*）杂志的封面。

是什么让金布尔能够专心致志而且目标明确呢？是因为他要完成与盖瑟斯共同的梦想，以表达对逝去挚友的敬意。盖瑟斯生前是一名十分优秀的球员，但是罚球表现不尽如人意，因此他坚持练习用左手投球，希望左右手能一样灵活。盖瑟斯去世后，金布尔在每场比赛的第一次罚球总是选择用左手投篮，以此纪念盖瑟斯。他前三次全部投中，这可绝非易事。正如一年前的盖瑟斯一样，金布尔的得分居全国首位。当他以数百万美元的身价加入 NBA 之后，也仍然坚持在每场比赛中用左手进行第一次罚球，用这种方式向好友盖瑟斯致敬。

我相信金布尔的教练和队友对他用左手投球持有一种十分复杂的心情，因为左手投球的命中率较低，这可能会使球队损失分数，甚至可能导致比赛失利。但是如果教练阻止金布尔的这种做法，他们就犯下了一个大错，所幸他们没有这么做。金布尔把他的工作与珍贵深厚的友谊联系起来，他对工作的兴趣渐浓，也更加努力。一方面，他自己取得了骄人的成就；另一方面，在他的激励下，他的队友、其他球队，甚至整整一代年轻人都以他的赛场表现和他高尚的品德为榜样。

价值观是意义的催化剂和向导

价值观影响着我们的行为，沿着价值观指引的方向前进，能鼓舞我们在面临困境时仍然坚守梦想。

明确价值观对创造幸福人生是极其重要的，我们可以从一个以数十年的研究为基础的简单调查问卷开始。

下面列举了一系列价值观，其中有些可能与你的生活没有什么关系，有些则可能会引导你改变自己的行为和决定。当我们能够把自己的行为与珍贵的价值观联系在一起时，就可以在任何一项活动中发现兴趣和意义。请按以下步骤进行：

1. 选出 10 条对你来说最重要的价值观。

2. 把这些价值观用笔圈出来，还是抄在一张纸上，这都无关紧要。重要的是你需要仔细体会其中的每一项，直至找出能让你产生共鸣的价值观。你要进一步深思，让它们成为你的行为准则和向导，从而使你可以在看似无足轻重的小事中找到意义和满足感。

- 接受——接受真实的自我。
- 成就——确定目标，取得重大成就。
- 准确——自己的观点和信念要明确。
- 魅力——外表充满魅力。
- 威信——掌控、领导，对他人负责。
- 自主——独立，掌控自己的思想和行为。
- 体贴——照顾他人，善良、慷慨。
- 挑战——承担困难苛刻的任务和问题。

- 承诺——做出持久、有意义的承诺。
- 遵从——尊重、遵守规则，履行社会责任。
- 奉献——为社会做出长久的贡献。
- 合作——与他人通力协作。
- 礼貌——周到，对他人彬彬有礼。
- 创新——有崭新的原创的想法。
- 诚信——诚实可信，有责任心。
- 忠诚——在人际交往中忠诚可信。
- 家庭——创造并维系一个快乐幸福的家庭。
- 真诚——表现真实的自我。
- 宗教——寻求并遵从神明的意愿。
- 成长——继续学习、改变、进化。
- 健康——身体状态良好、健康。
- 快乐主义——享受，满足自己的欲望。
- 乐于助人——能帮助他人。
- 幽默——看到自己和世界幽默的一面。
- 勤奋——努力工作，较好地完成人生中的各项任务。
- 内心的平静——寻找并体验安详和宁静。
- 知识——学习宝贵的知识，并且也贡献知识。
- 爱——把爱给予他人。
- 专业——能够胜任各项日常活动。
- 秩序——拥有井然有序的生活。
- 受欢迎——受到很多人的喜欢。
- 权力——获得社会地位和声望。

- 目标——获得人生意义，明确人生方向。
- 浪漫——体验强烈炽热的爱情。
- 安全——有安全保障。
- 保护——保护所爱的人、社区以及国家。
- 自我控制——在自己的行为中严格自律。
- 自尊——对自己感觉良好。
- 自给自足——自己照顾自己，不依赖他人。
- 精神性——与神圣事物产生联系，使自己在精神上成长和成熟。
- 稳定性——拥有相对平稳的人生。
- 刺激——积极地寻求冒险，创造一个充满新鲜感和多样性的人生。
- 宽容——能够接纳他人及与自己相悖的观点和信念。
- 传统——能够尊重和保护历史，维护传统和习俗。
- 普世主义——创造人与人之间的和谐，防止战争和冲突；创造人与自然的和谐统一，保护自然。
- 美德——道德上保持纯洁，拥有美好的人生。
- 财富——有很多钱。
- 其他以上未列出的价值观。

选出最重要的 10 条价值观之后，请你按照重要性把它们进行分类：

1. 对我来说最重要的价值观：
2. 对我来说比较重要的价值观：
3. 对我来说最不重要的价值观：

在挑选出你认为最重要的价值观之后，你可以对它们加以关注，这样就更容易决定哪些活动值得你付出，哪些活动会引起你的兴趣。价值观能为我们指引前行的方向，因此，对自己的价值观有所了解，我们就能更好地做出决策。当我们所珍视的价值观与现实发生冲突时，我们更容易放弃痛苦或者毫无乐趣的活动。如果你的核心价值观受到不敬或践踏，你更有理由终止与某个人的关系。当知道了自己能更加灵活地对待哪些价值观时，你就更容易开始与人交往。幸福人生的根源就在于我们的行为处事是否符合自己的核心本质，而价值观就是用来填充这一核心的。

但是价值观也会发生变化，在人生的不同时期，你的价值观可能各不相同。如果你对当前的人际关系很不满意，那么你可以考虑一下你的人际关系价值观是否出了问题。同样的办法也适用于你的职业以及空闲时间的安排。如果你可以确切地指出哪些地方让你觉得不满意，你就可以探索自己在这个领域里的价值观，并认真思考一下哪些方面可以接受，哪些方面需要改变，哪些方面需要终结，而哪些方面可以重新开始。

本书“附录”里有两种方法能帮助你评估自己的价值观，更重要的是，它们能帮你判断自己是否在沿着价值观指引的方向前行，也能判断出你的人生是否充满意义。你可以把附录中的《人生价值调查问卷Ⅱ》（*Valued Living Questionnaire Ⅱ*）和《人生价值靶心图量表》（*BULLs-eye Instrument about Valued Life*）这两个部分补充完整。

通过分享，加强兴趣

对那些能改善人生的积极事件，我们需要坚持。否则的话，正如节食减肥法总会反弹一样，我们很快就会回到起初的“幸福设定点”。

在与他人分享我们的故事时，我们会感到自己与他人之间存在着一种亲近感。适当展露自我是一种重要的社交技巧，它是良好人际关系的标志，也是发展亲密关系的一种策略。当我们与重要的人分享自己的经历时，他们的兴趣会对我们产生莫大的影响。劳拉 30 多岁，曾选修过我在大学里开设的课程。对为什么当别人分享他们的积极经历时，如果对其表现出密切关注，就会产生很有价值的结果，她是这样解释的：

> 我决定，当朋友向我讲述好消息时，我要试着把注意力从自己身上转移到他们身上。当一个好朋友告诉我她的先生要给她买一只贵得离谱的葡萄牙水犬时，我为她感到由衷的高兴。我问她葡萄牙水犬到底是什么，为什么这么特别，先生送她礼物是不是要弥补什么。后来，我不由自主地说："真希望也有个男人能对我这么好！"但是我的关注力很快又返回到她的身上。
>
> 尽管我们看起来经常说说笑笑一连好几个小时，但是如果我仅仅关注她的好消息，就会产生意想不到的效果。当我向她询问一些细节问题时，她会非常兴奋，并乐意和我分享更多。我们的谈话结束后，她看起来更加激动了。她从来没有养过狗，本来还有些担心，但现在也没有什么顾虑了。我离开的时候，感觉自己像是做了一件好事，而且在我们分开后，这种感觉仍然持续了很长时间。

无论我们对某项活动有多少兴趣和好奇心，如果与他人分享经历能够加强这种动力，我们的兴趣就会更加浓厚。通过与他人分享，我们会在其中创造并加强兴趣，这件事也会在各种纷繁复杂的记忆中变得格外突出。与他人分享就像是给这件事贴上标签或者做了标记，使我们能更容易记起和回味它。

很多研究表明，**与他人就某事进行有效的交谈可以改变我们对此事的体验。**这些积极的记忆是十分有益的，当我们情绪低落时，就需要这些美好的记忆来振作精神。我们会很轻松地回想起这些积极的回忆，因而会变得心情大好。当我们在未来遇到同样的事情时，也会感到精神焕发，充满能量。

当与他人分享经历时，还需要注意一个非常重要的方面：我们倾诉的对象要有明显的兴趣。如果对方能对我们讲述的内容做出回应且表现出浓厚的兴趣，我们对某事的兴趣也会得到鼓舞。若我们的行为被他人认为有价值，我们就会感到一种认同感。

但是如果我们倾诉的对象表现出心不在焉、不屑一顾或者不感兴趣的样子，我们就会觉得自己所讲述的事情毫无意思，没有动力继续讲述下去。我们最初的兴趣就此被剥夺，对此事的记忆也会淡化，当以后遇到类似事情时，我们的动力就会大打折扣。也就是说，当我们觉得不被认可时，兴趣之门也会迅速关闭。

安德鲁的例子正可以解释这种现象。安德鲁是一个全职父亲，他的妻子杰西卡是一名外科医生，这一天，安德鲁迫不及待地等待妻子回家，因为他想告诉妻子他们一岁的儿子萨姆迈出了他的第一步——小萨姆踉踉跄跄地走了 7 步路。杰西卡可能会做出如下回应：

- 积极而有建设性的回应："真的吗？太棒了。快告诉我，到底是怎么回事？是什么时间在哪里发生的？"
- 消极而有建设性的回应："听起来今天你过得不错。"然后，杰西卡露出一个微笑，用手轻柔地抚过安德鲁的头发。
- 积极而有破坏性的回应："时候到了自然而然呀，别家的孩子也基本都是这么大会走路的。你为什么不把它录下来呢？你知道这对我来说很重要。"
- 消极而有破坏性的回应："很好，不过回头再告诉我吧。今天太累了，我想睡一会儿。对了，过会儿提醒我给你讲讲今天做的手术。"

上述 4 种回应只有第一种是最好的。我们偶尔也会做出消极的回应，不过重要的是你一定要表达自己的真情实感，而不能假装。如果你总是无法对你所关心的人表达兴趣、兴奋或者自豪感，就会出现问题。

你会很惊奇地发现，与我们处于困难时他人对我们做出的回应相比，当他人对发生在我们身上的积极事件做出回应时，我们更易感到被人重视、关心和理解。与他人分享故事时，如果他人能表现出积极和有建设性的反应，我们会体验到更强烈的幸福感，人际关系会更加健康，也更有可能维系好人际关系。当你分享积极事件时，其实是向他人讲述自己的兴趣，展示优势力量。如果他人能对你最关心或者最擅长的事情表示认可，这对你来说意义非凡。总之，积极的回应起着非常重要的作用。

我们可以通过如下方式来鼓励他人对我们的故事做出积极的回应：

- 在你想与对方分享故事之前，先问问对方是否有时间，否则你的这次尝试很可能会以失败而告终。
- 把故事分为开头、中间、结尾三个部分。即使这个故事与听众没有直接关系，但是如果听众能明白为什么这件事对你来说意义重大，他们就更容易用心倾听，且能产生兴趣。因此，你需要让听众知道为什么这件事对你来说非常重要。
- 如果你讲述故事的方式非常幽默风趣，那么即使是特别枯燥无聊的事情听起来也会很有意思。我们对工作中有趣的部分会很快习以为常，因此觉得枯燥乏味。而当我们与他人分享时，人们常常会像我们刚开始时那样做出充满兴趣和激情的回应。有时我们可以适当进行自嘲，这样可以拉近与他人的距离。
- 如果在你讲述的过程中，你的同伴也向你讲述他们自己类似的经历，这可并不意味着同伴对你讲述的内容不感兴趣或是不予关注。激发起他人类似的回忆是很常见的。

- 注意，有些同伴会用非语言的方式表达他们的关注和兴趣（比如目光接触、点头、微笑或者伸手来触碰你），并不是所有人都知道该问什么、说什么，他们也许什么都不说，只会用这种方式来对你的热情表达尊重。
- 要学会接纳同伴表达的新观点。有些细节会让你觉得枯燥、无聊、痛苦或单调，但有可能在同伴眼中却很有趣，因此，不要总是处于自我防御的状态。如果过于关注自己是否看起来聪明正确，那你就面临失败的可能。
- 发现同伴最好的一面以达到一种双赢的结局。记住，对他们做出的回应，你会有自己的判断，这也会对你的兴趣产生影响，因此，不要错过他们借以表达兴趣的一些线索。
- 考虑一下你到底想跟谁分享某个特殊经历。你不可能和所有朋友分享。每个朋友都有自己的特点，你一定要理智地进行选择。在正确的时间找到正确的人，这样才会给你的人生带来更强烈、更频繁、更持久的兴趣。
- 人与人之间是互惠的关系，如果你对他人没有良好的回应，你也别想从他人那里获得你想要的结果。因此，当你的同伴正试着向你讲述他的经历，并希望你能进行倾听时，你需要：

1. 认真积极地聆听他们的讲述，并给予共鸣。
2. 当他们分享自己的经历时，表达出你的兴趣和热情。
3. 一定要真诚，因为人们能分辨出哪些微笑和大笑是装出来的。
4. 就同伴讲述的内容进行提问和探究，关注积极方面。比如，当事情发生时你有何感想？事情是怎么发生的？告诉我所有的细节！更详细的提问能增强同伴的兴趣。
5. 下次与同伴交谈的时候，可以再次提起那件事，这样会让他们知道你认真聆听了他们的故事，会让他们觉得对他们很重要的东西对你来说也很重要。这样会进一步强化他们的积极情绪，并加强你们之间的关系。不要忽视他人在我们人生中的重要性，应该巧妙地利用这些社会联系来创造并提高我们的兴趣。谈话是一个重要的媒介，因为在谈话中，他人所做出的回应能帮助我们认识到某事的价值和乐趣，并能增强我们的认知。重要的是，他人不仅能改变我们对某事的感觉，也会改变我们对此事的体验，而且这种影响在对话结束后还会持续很长时间。如果同伴也能积极参与到对话中来，那么我们的兴趣就会大大提高。如果谈话进行得不顺利，那么我们起初的强烈兴趣就会迅速减弱。

从工作中发现兴趣和意义

在介绍了几种创造持久兴趣的重要方法之后，我们需要特别关注一下工作，因为工作占据了我们人生中的许多时间，工作是人们持久兴趣的源泉和表达兴趣的方式。对某些人来说，工作是价值和意义的来源。

不知道你是否跟我一样在小学时曾做过一个职业倾向测试，它会告诉你长大后会从事何种职业，你会成为外科医生、空调修理工，还是会穿着有毒废料防护服在废弃的破房子里消除石棉。虽然这些测试看起来很傻，但是它们却促使我们思考自己将来要从事什么样的工作，使我们开始寻找人生的意义。当然，如果缺乏自我审视以及研究新信息所必需的欲望，你只会把测试结果抛诸脑后。

我没费多大劲就在车库里找到了那个破纸箱，里面装着我以前的成绩单、情书和那份职业倾向测试。我清楚地记得测试结果，它说我将来会成为一名会计，然后会成为一名心理学家。当时我只有 11 岁，根本就不知道心理学家是干什么的，以为心理学家就是吸着大烟斗听患者躺在沙发上喋喋不休。我后来的人生与这个结果惊人地相符，我先是在华尔街与金钱打了几年交道，然后意识到自己的真正使命可能不是金钱，而是思维。

你也许属于为数不多的幸运者，每周几十小时的工作对你来说就像在玩游戏一样（至少大多数时间里都是这种感觉）。无论金钱和名声对你来说多么重要，你都会发现，工作中的勤奋努力和优异表现能给你带来极大的满足感。你期待下班休息，但也同样渴望回到工作中。虽然很多人在周日时会因为周末马上就要结束而感到焦虑，但是这种情绪不会对你造成任何影响。

也许上述情况并不是你的工作状况，你还有可能纳闷儿，竟然有人对工作充满了激情，认为只有极少数的人才会这样。根据某项调查显示，25% ～ 33% 的人会把工作当成一种激情澎湃的使命，另外 25% ～ 33% 的人仅仅把自己的工作当成干活，还有 25% ～ 33% 的人把工作当成事业。工作类型非常重要，从事专业性强、技术要求高的工作的人更倾向于把自己描述为在追寻人生目标。

2007 年，盖洛普公司对 131 个国家的数千名受访者进行了有关工作的调查，结果美国人居首位，约有 27% 的美国人深深地热爱着自己的工作，有 50% 的美国人（全世界范围内是 70%）表示，工作为他们提供了每天都能做最拿手事情的机会。他们在工作中可以施展才能，也能经常学到新知识，对工作感到非常满意。这么多人能从工作中获益良多，这一点令美国人感到非常骄傲。但是数据也表明，70% 的美国人并不热爱他们所从事的工作，而且有一半的人无法每天发挥自己的优势。

工作就是干活

也许你同意以下说法：

- 我不期待从工作中获得什么。我只是赚点儿工资，以便能做人生中其他更重要的事情。
- 我星期一早上经常害怕去上班。
- 我觉得工作的地位被人为地夸大了，你可以比较一下我们一生中有多少时间在工作，又有多少时间在享受生活。我不工作的时候，很少会想到工作的事情。

对这些人来说，工作是他们不喜欢但是又不得不做的事情，工作仅仅是他们挣钱糊口的一种途径。对有些人来说，情况更糟糕，他们每天都在掐着时间过，只有在周末才会享受生活。

根据盖洛普公司的一项调查，25% 的美国人都想“因为工作压力而尖叫或号叫”，他们把工作看作是一个黑洞，里面充满了痛苦、烦闷和折磨。在 30 岁以下的人群中，34% 的人表示如果可以他们肯定辞职。在对加拿大人的一项调查中，调查对象涵盖了从大学教授到公司经理等许多职业，其中 23% 的人对自己的工作没有兴趣。他们不喜欢自己的工作，认为工作没有价值，想在工作中尽可能少地花费自己的时间和精力。

如果你也持有上述观点，你也会认为自己的工作仅仅就是干活。如果你只是关注工作带来的经济回报而没有注意到它带来的快乐或满足感，你也无须感到羞愧，也许你有其他的方式来寻找人生意义。很多人都能在朝九晚五的工作之外找到幸福感。如果你很讨厌你的工作，而且总是感到抑郁痛苦，那么你可以问问自己为什么还要坚持。考虑一下是否需要换个工作，或者辞职也是个不错的选择。

工作等同于事业

也许你对工作有如下的感觉：

- 我很喜欢我的工作，也很擅长我的工作。虽然有时觉得很疲惫，但是当我看到人生中的其他方面——家庭、我的精神生活、朋友、爱好、社区服务等，我就会感到很充实幸福。
- 工作中最大的收获就是我的成就得到了其他人的认可。
- 我会拼尽全力在工作中取得成功。

很多人把工作看作实现人生梦想的跳板。通过工作，他们可以获得各种收益，比如经济保证、社会地位、名望以及表现自己才智和能力的机会，并借此实现重要的人生目标。他们以积极的心态对待自己的工作，同时充满了奋斗的动力。通过付出艰辛努力，他们从工作中获得了更多成就，工作对他们来说是十分有益的。

很多人成为医生、律师或教师，是因为他们遵从了父母的意愿。如果能从事朋友、家人、老板和社会重视的工作，会让他们觉得非常有价值。他们在上学的时候就一直渴望受到大家的喜欢，也渴望能和优秀学生坐在一起，成年后这种梦想仍然没有停止。

如果把工作当成事业，那么你关注的就不仅仅是金钱，你的主要目标是获得成功和光辉业绩。对你来说，工作只是实现目标的一种途径。你希望从外部世界获得一些东西，比如他人的赞美和认可，来满足自尊心。同样，你也无须对此感到不安，因为实现幸福人生的一个重要方式就是要充分觉察当下、乐于接受当下，并且要为了有意义的目标而不断前进。为了重要目标而努力的过程会让我们感觉良好，而且我们也会以自己是什么样的人以及将要成为什么样的人而感到自豪。

工作是人生使命

也许你对工作有这样的想法：

- 我有时感觉自己的工作真的能给这个世界带来改变。
- 有时候我会想："如果我中了彩票，我也有可能接着做这个工作。"我选择这份工作是出于内心的喜爱。
- 我觉得自己的工作能使我表现出"真实的自我"。工作给我提出了挑战，让我能发挥优势力量，因此我很容易沉迷于工作而忘记时间。这些忘我的时刻累积起来就是我的使命，我必须要为之做出贡献，而且我也很庆幸找到了自己的使命。

在某项研究中，33% 的成年人觉得用“使命”或“目标”来描述他们的工作是最恰当的。这个数据有些夸张，因为那些工作狂（即不惜牺牲一切，沉迷于工作而无法控制自己的人）也喜欢把他们的工作称为“使命”，却无法得到应有的益处。

如果我们关注一下那些对工作充满激情而又不偏执的人们，就会发现他们努力工作是因为工作本身就为他们带来回报，工作与他们的特质紧密相连，也是快乐和意义的源泉。

观察那些已找到使命的人

我 2008 年有幸见到了雷·福勒（Ray Fowler）博士。他不认识我，可是我却知道他是一位知名的心理学家，他的主要研究兴趣在辩论术、政治和监狱改革等方面。

20 世纪 70 年代中期，福勒带领他的学生对亚拉巴马州劳教系统的 4 000 名囚犯进行了心理评估。他想改善这一混乱系统中的医疗质量和安全情况，因此采用了一套全面的策略，即依据犯人的精神健康状况、危险程度以及是否有潜力成为对社会有用的人，把他们划分为不同的种类。比如，对那些能够被改造的犯人，他制订出计划对他们进行治疗、教育和改造。福勒这一雄心勃勃的事业改变了多座监狱的管理方式。

我在 2008 年夏天见到了福勒和他的妻子，他跟我说 2002 年他就退休了。我们大多数人认为退休标志着工作的结束，但对福勒来说却并非如此。我们是在克罗地亚的一次积极心理学会议上见面的，当时福勒也会见了来自爱尔兰、以色列、澳大利亚、希腊、英国等许多国家的与会者，他想创立一个国际性的专业人才组织，目标是要改善人类的心理健康。

福勒的内心充满了激情，他做的一切远远超越了责任的召唤，而且他做任何事都持有同样的态度。我们交谈了 10 分钟，他告诉我他和妻子将要去布斯当娜钟乳洞（Postojna Caves）进行半天的旅行，建议我也去看看。这个石洞是欧洲最大的石洞，全长 20 570 米。他说我可以先徒步行走几公里，然后乘坐有轨缆车完成剩下的几公里路程。他的热情极具感染力，也向人们证明了年老和退休并不意味着一个时代的终结，而是为崭新的冒险开启了大门：

> 我今年 75 岁，感觉很健康，充满活力，我很喜欢自己的工作。我现在工作的时间和以前一样长，但是并不仅限于办公室。我有很多自由，想去哪里就去哪里，比如我可以去看看我在外地生活的儿孙们。空闲的时候，我热衷于烤面包和烹饪美食。我喜欢体育运动，包括跑步、游泳、骑车、健行，我还去健身房。与大多数人不同，我喜欢旅行的一切，甚至包括长途飞行和机场滞留。我 2002 年时被选为国际应用心理学会的主席，任期到 2018 年，到那时我就 87 岁了。我打算坚持至任期结束，然后，谁知道呢，也许会真正退休吧。

那可是他宣布退休之后整整 16 年啊！通过福勒的激情，你可以看到工作不仅仅是干活，也不仅仅是某种事业。福勒的目标充满了意义，对他的人生来说十分重要，他并不想在退休之后就过上悠闲的生活。他的目标给予他能量，使他关注家人，培养出对旅行、烹饪、品酒以及运动健身等的长久激情。我们可以像福勒一样扩展人生的疆域，而且当我们找到重要价值观和工作之间的契合点时，身心会更加健康。

为工作注入更多意义的方法

你的工作仅仅是你挣钱的方式，还是你借以表达兴趣、发挥才能并使你的人生更为充实的方法？坦诚地说，只有当你停止对事物进行评判且接纳事物的本来面貌时，你才能理解自己的人生意义之源。工作只是人生中的一部分，如果它能够滋养人生的其他部分，这是最理想的状态。但是我们无法把工作进行单一的划分归类，因为事物都是在不断发展变化的，有时你的工作仅仅就是工作，而有时它又会变成你的事业或者使命。

如果你内心深处充满好奇心，那你就可以有效评估当前的情况，因此你可以适时发现事情中好的一面，也能接受无法改变的事实，或者当你需要能量、兴趣和激情时，就可以激发起对工作的热情。以下就是一些如何为工作注入意义和激情的具体方法。

1. 发现你的优势力量。如果不去认真地自我探索和发现，你就不可能寻找到并有效利用你的优势力量。如果对是否擅长与人交往、是否擅长动手实践或者是否善于处理挑战等问题，只有一个笼统的看法，那么你就无法收获什么重要成果。你需要深入发现所有的细节：你有同理心吗？你慷慨大方吗？你宽容吗？当面临巨大压力时你能坚强而富有韧性吗？你足够勇敢吗？即使心怀恐惧，你也能勇敢地前进吗？

如果无法准确地发现自己的优势力量，可以回想一下你所获得的成绩以及值得骄傲的时刻。你什么时候的表现最好？什么事情会使你精力充沛？密切留意一下你在空闲的时候都喜欢干些什么。你喜欢看些什么书？哪些活动能让你恢复精力？你面临哪些困难？你渴望做些什么？你何时觉得最真实、最轻松？通过分析这些，你会看到自己的力量和激情何时会涌现出来。

人们通常在第一次上课时会相互介绍姓名和最喜欢的食物等，但是我却要求学生们讲述一件能体现出他们最显著优点的事情，时间不限。

学生们会有什么反应呢？起初他们都觉得很不好意思，因为人们并不习惯分享自己的优点，毕竟从小大人就告诉我们一定要谦虚。但是慢慢地，学生们开始发生变化，他们都兴奋不已，对周围的同学充满了敬重和欣赏。他们感到自己与陌生同学之间产生了强烈的共鸣，因为他们认识到了自己的核心本质，而且下课后他们还会继续与同学进行交流。这一练习使每个人都明白了其实很多人都有着非常强大的力量。想象一下，如果这一练习应用在工作场合中会起到什么样的作用：如果每个人都能对周围人的优点和长处有所了解，那么整个团队的表现会更加出色，团队成员的能力会得到更好的发挥，社会关系也会变得更加紧密。

2. 在工作中施展才能。如果你能把你关心的东西带入工作中，而不是消极地等待着下班或周末的到来，你就会变得动力十足，而且也能有更加突出的表现。这需要我们进行察觉和实验，但是付出的艰辛努力都是非常值得的。

事实上，最好的团队是由一些能够坚持自己的才能并且乐于为团队做出贡献的人组成的。因此，如果你能了解并且在工作中施展自己的才能，你就为创造一个更好的团队出了一份力。这是很值得骄傲的事情，而且有着非同寻常的意义。

3. 寻找安全感。当你在这个职位上感到安全时，你会更加投入，成为充满好奇心的探索者，会乐于冒险并且富有创新精神。当你缺乏安全感时，你会努力避免犯错或者出现什么问题。当你开始担心犯错或失败时，你就会把能量浪费在控制当前情况和有可能发生的事情上，而不是把精力集中到工作上。这会减缓你的思维、阻碍你的创造力，对任何人来说都是一种损失。

4. 采取行动。最可怕的就是什么也不做。变化和挑战会使你关注手头的工作并对工作产生兴趣。如果你从来没有沉迷于你正在从事的工作，那就说明你从未面临过挑战。你需要做出尝试。一旦你掌握了，你会因获得的成就而感到欣喜，并希望获得更多新机会去施展技能。这就像在健身房里健身一样，我们的身体一旦失去挑战就会处于停滞状态，毕竟生存是人类的首要目标，我们的身体天生就善于保存能量。不要让自己成为懒惰的奴隶。当你处于“自动驾驶”状态时，你就会失去机会，无从获得快乐和意义。人们需要每天面临挑战，而且也需要得到他人的支持，这两者缺一不可，它们共同帮助你在工作中发现并创造意义。

5. 将人际关系当成支持和意义的来源。如果我们不愿把工作当成意义的来源，那么首要原因肯定是人的因素。当我们感受到他人的支持和亲密的关系时，就能自然而然地体验到更强烈的意义。如果我们想远离工作，无论是精神上的排斥还是真的离职，往往是因为觉得他人对我们的能力不认可，或者无视我们的兴趣所在。我们能做的就是向他人阐述并展现自己的才能和兴趣。我们不应该仅仅关注问题本身，而应该关注不同的观点和问题的解决办法。如果你能把身边的人拉进你的圈子里，你就会获得坚实的人际关系，能促使你更加积极地投入工作。这一切将为你源源不断地获得意义铺平道路。

6. 发现你的核心本质与工作和团队之间的联系。每当我们感到真实的自我得以展现时，我们就会自然而然地对工作充满激情。当我们感到自己所做的事情以及做事的方式非常受重视时，我们就会感到一种亲密的联系。这种联系不一定是个人主义上的，它也有可能是集体主义的。这是东方文化中很多人都持有的一种心态，不愿与所处的集体分开：当集体获得胜利时，也就意味着他们也获得了胜利；当集体获得尊重时，他们也感到被人尊重。我们可以向这种集体主义归属感学习很多东西。意义来源于归属感。应该对周围的人持一种开放的态度，并且充满好奇心，也要发现自己究竟属于哪些团体以及自己对哪些团体来说十分重要，通过这些方式可以提高我们的价值感。

7. 提醒自己要保持好奇心，这样才会变得更加好奇。我们只能控制自己的思维和行为，几乎无法控制他人和环境。我们常常认为必须要做一些新的事情才能让自己对日常工作提起兴趣，这是自我实现的一种方式，另一种方式就是去发现新事物。比如，在开始工作的时候，我们可以摒弃之前依赖熟悉和已知事物的习惯，试着去发现两三种新鲜事物，或能带来挑战的几种事物：同事的态度有没有新变化？你的身体有没有新变化？手头的工作有没有新变化？可以把什么样的挑战带到今天或本周的会议、任务或者人际关系中去呢？

你可以把工作场所当成一个实验室。即使无法减少那些无聊却不得不做的任务，你仍然可以不断地进行探索、实验并有新的发现，而不是坐等事情的发生。奇怪的是，人们极少强调能获得多少乐趣，而总是过于强调能赚多少钱；人们在雇用员工时总是过于注意他们的教育程度和培训经历，却很少关注他们是否有兴趣或者激情。

如何增强他人的兴趣

2008 年 4 月 25 日，4000 多名高中生来到美国六旗主题公园（Six Flags America）参加“物理日”的活动。还有什么比过山车更适合解释地球引力和重力加速度吗？对很多孩子来说，这也许是他们人生中的一个关键时刻，因为此时他们才意识到物理学可以解释生活中的一些谜团。

心理学家米哈里·希斯赞特米哈伊（Mihaly Csikszentmihalyi）[①] 对好奇心和创造力很感兴趣，他邀请了一些 20 世纪著名的艺术家、科学家、政治家、商人和探险家回忆各自的人生选择，其中很多人都回想起某个有趣的经历或者某个受到启发的时刻正是他们奋斗的起点。而这些启发常常来自导师的激励，因为导师能发现他们的好奇心，并给予他们足够的动力去付出努力。如果他们没有利用这些时刻来激发并维持自己的兴趣，谁知道这个世界将会损失什么。

我们有很多策略能帮助人们利用自己的兴趣和优势能力。深入了解了好奇心的力量后，我们会发现一些能激励他人的非常有效的新方法。下面有一些例子，无论你是一名经理、家长、教师还是教练，只要对某人进行管理，你都可以试试

① 积极心理学奠基人，“心流”理论的提出者，他关于创造力的研究与探讨主要见于其代表作之一《创造力》，该书已由湛庐策划、浙江人民出版社出版。——编者注

这些策略。

1. 分享自己知道的信息。如果你是一家大公司的经理，你该让你的员工了解公司的整体运作，并让他们了解自己做出了哪些贡献。比如，仅仅负责装瓶的工人对所生产的产品一无所知，他们既不知道工厂正计划生产什么产品，也不知道自己的工作能为产品销量或品牌提升做出多大贡献，很少有人能有充足的动力。企业应该使员工对产品有所了解，还要不时询问员工的意见，向他们展示他们的工作与公司成果之间的关系。当然，你也可以按照销量增长的比例对员工进行奖励。总之，让他们知道自己为公司做出了贡献很重要。

当你想做出能对他人产生影响的转变时，也会遇到同样的情况。比如，当你想搬迁到一个新的城市时，你必须告诉孩子们他们的生活将要发生重大变化；或者当你打算在公司里进行技术升级时，你必须告诉员工们这会对他们的职责产生什么样的影响。研究者发现，人们对某种变化知道得越早，在变化过程中获得的信息输入越多，包括分享看法和观点，人们就越容易接受改变，即使这意味着他们的生活将发生翻天覆地的变化。通过提高他们的思维开放性，你也会提高他们对改变过程的兴趣和责任心。如果我们能把自己的希望、梦想、恐惧和计划变得公开透明，就可以提高我们关心的人的兴趣，而积极情绪通常是能够传染的，因此，这种方法也可以强化我们自己的兴趣。

2. 用金钱以外的方式进行奖励。金钱会腐蚀人们对某项工作自发产生的最初兴趣。科学家发现，当人们因为兴趣而从事某项活动的时候，如果你用金钱进行奖励，他们的动力会减退，而且一旦没有了金钱奖励，他们就不再愿意做同样的事情了。

我曾经采访过一位经理，他偶然间注意到有人在办公楼前种了一些花，而且还定期照料这些花花草草。他找到了种花的女员工，为了表示感谢，向那位员工额外支付了作为园丁的薪水。结果员工原本出于爱心的表现成了另一项工作任务。这位爱花的员工极有可能对她所种的花草越来越不关心，因为她更关心如何才能保住这份额外的收入。如果哪天她得不到这份额外收入，可以想象，她极有可能停止照料那些花草。金钱本身并没有什么意义，因此我们应该忽略它，而关注于你想提升的东西，即对手头工作的兴趣和工作的意义。我并不是批评这位经理的善意举动，我只是想指出，金钱并不一定能为我们提供所需的动力。

你应该创造出富有个人意义的奖励。通过对价值观和兴趣的了解，去发现奖励对你想激励的人的个人意义。这有两点原因：首先，对方会觉得受到关心和尊重，因为你表现出想要了解他的兴趣，这会激励他更加饱含热情地投入工作中；其次，当奖励与对方的优点、价值观和表现相关联时，与此活动相关联的积极记忆就被创造出来了。

如果某位员工一直保持高涨的工作热情，并且使工作场所充满快乐，其他员工也都受其影响提高了工作效率，那就要给这位员工一些奖励。但是不要采用金钱这一类的奖励形式，你可以给这位员工一件他非常感兴趣的礼物，比如周末外出度假或者某个特殊活动的门票。如果他得到的奖励是钱，他会把钱花掉或者存起来，可能会觉得这些钱不过是对他工资的补充，没有任何重要意义。同等价值的个性化奖励却能激励人们更加投入工作，并提高他们的兴趣。

3. 提出发人深思的问题。在周围形形色色的人之中，你最想和谁共进晚餐？为什么？如果金钱不是你的目标，那么你人生剩下的时间里想做些什么？你需要发现对方感兴趣和热爱的事情，然后依据这些举出一些例子或利用比喻的说法来帮助对方搞清楚，为什么某项工作对他来说非常重要。

4. 倾听，接受，避免冲突。你要倾听对方的谈话，注意谈话的细节。记住这些细节，在以后的谈话中提及，以表示你对谈话内容的倾听和留意。你需要接受对方的兴趣和激情，如果你不喜欢，请记住，它们都会随着时间的推移而改变。比如，你的孩子现在十几岁，正对扑克深深地痴迷。玩扑克可以帮助人们锻炼读懂别人心思的能力、对数字的思维能力，这有利于孩子将来成为一名科学家、侦探、医生、企业家或者教师等。如果一味地强迫孩子做他不感兴趣的事情，只会使他感到不满，而且会使他处于一种防御状态。孩子会变得非常冷漠，也不愿去做其他事情。因此，你需要保持开放的态度，对人们所关心的事物要进行不断的探寻和发现。

5. 搭建桥梁。鼓励人们去发现他们感兴趣的事情与他们不怎么感兴趣却不得不做的事情之间存在何种联系。比如，对那些整天与孩子们打交道的父母和老师来说，有些孩子喜欢电脑、手机等电子产品，我们就可以很轻松地引导他们对物理产生兴趣。有些孩子喜欢体育，比如滑板、攀岩、足球，他们可能会乐于发现很多优秀的专业运动员运用生物学和物理学的知识以获得运动场上的最佳表现。帮助人们发现价值和意义是非常重要的，我们不能把思想硬生生地灌输给别人。如果人们无法发现这些关联，你应该做好充分的准备去帮助他们，并且用提示和问题去引导他们。你需要做出表率，并向他们表明，你想使他们产生兴趣的话题和活动同样也对你的人生产生了影响。

让我们再回头看看金布尔的篮球教练，他情愿损失一些罚球得分，也要让队员的价值能因此得到认可和尊重。无论是经理、导师还是家长，你都需要明确地认识到你到底想让他人做什么。如果你的目标是让他们最大限度地感兴趣、投入工作并且提高工作效率，你就需要采取灵活的方法，并且需要给他们足够的自由，帮他们发现自己的价值观和个性。

6. 坚持。在这些讨论的初期阶段，你的主要目标就是要打通交流的渠道。人们的兴趣一直都是时高时低不断波动的，而且创造意义和价值的整个过程也相当漫长。即使对微小的收获，我们也应该感到骄傲，因为它们能鉴别出与人们的价值观相符或不符的内容，并且能判断出是否需要改变他们的观点或价值观。我们不仅需要让他们感觉良好，还需要帮助他们获得主人翁意识，尤其是当他们感觉受到别人控制的时候。在这一过程中，失误、挫折、尴尬以及不安都是不可避免的。在这些困难面前保持坚持不懈的态度是非常重要的。

我们会轻易地习惯于常规事物，就像实验室小白鼠一样盲目地走在跑步机上：走路，跑步，吃饭，工作，睡觉，醒来，周而复始。苏格拉底说得好，“认识你自己”，但是我们接下来会问，“好吧，然后呢？”幸好很多科学研究提出了一些“兴趣提升”的策略，这些策略可以转变当前时刻，并创造出持久的兴趣。正如前文讲到的那样，如果我们做出努力，如果我们有这样的意图，就可以利用看似平淡、无聊、乏味以及重复性的日常事务，使之充满能量，并且保证能量最终能得到良好的利用。这样，我们可以创造出价值和意义，同时可以找准自己在这个不断发展的世界中的独特位置。

第 6 章

用好奇心助力社会关系

我上大学时学的专业是投资银行学，大学毕业后来到纽约证券交易所工作。我似乎就是为了这个工作而生的。我的祖母是最早克服金融界性别歧视而获得成功的少数女性之一，我还有几个堂兄弟也在证券业工作，他们都信奉戈登·盖高（Gordon Gekko）[①] 的“贪婪是美德”的生活方式。

在职场里打拼了几年之后，有天晚上，我向朋友们抱怨证券市场是多么枯燥乏味，只有家里那些心理学方面的书籍才能让我保持头脑清醒。我的心中涌动着各种话题，比如天才与疯子只有一线之隔，还有关于爱情与创新的科学发现，等等。我的朋友戴夫盯着我的双眼说：“你真让我搞不明白，既然你对这些话题这么感兴趣，为什么不去学心理学呢？去喂饱你那如饥似渴的大脑吧，把股票投资放到业余时间去做。”就这样，在那天的凌晨 4 点钟，我下定决心要成为一名科学家。

---

① 盖高是美国电影《华尔街》和《华尔街：金钱永不眠》里的角色，非常贪婪，为了财富和权势不择手段。——译者注

20世纪60年代，阿瑟·阿伦（Arthur Aron）正在加州大学伯克利分校攻读社会心理学博士学位，当时社会正发生着巨变。伊莱恩是阿伦T团队（“T”是英文单词“trust”的首字母）中的一名同学，他们两个人在团队课程中经常意见不一。伊莱恩有着丰富的领导经验，她认为阿伦正在把团队带往错误的方向。学期结束时，他们之间的冲突升级了，正如阿伦说的那样：“我清楚地记得那一天。我们走在校园里，互相看着对方，尽管我们一直在争论，但还是接吻了。这种爱情很强烈，从此我们基本上就一直住在一起。”

当这两个未来的科学家深陷爱河的时候，他们也萌生了疑问：为什么没有人研究这种深厚的人类体验？于是他们开始了共同的事业，从此致力于研究人与人的亲密关系以及亲密人际关系的条件和意义。

我离开华尔街之后的研究方向与阿伦的研究方向有着相同的部分。当时为了准备申请攻读研究生，我需要寻找一个入门级的研究工作，这让我想起了阿伦的实验室。我隐约记得当时我们通了电话，这成为我事业的开端。阿伦当时正在研究配偶在爱情归于平淡后如何重燃激情，而我成为他免费的助手。我花光了原本就不多的积蓄，全身心地投入对友谊和爱情的研究中。

为什么人际关系如此重要

我遇到了人生中的另一个转折点，并借此机会得以在家中继续进行科学研究。当时我还在试用期，因为还是单身，正处于到处相亲的阶段。有一次，我的朋友马丁邀请我去纽约参加一个屋顶派对。当我到达那里的时候，一位面带微笑、身材高挑的女士为我开了门。她就是派对的女主人，我对她一见倾心，立刻展开了热烈的追求。那天晚上，我发现她一个人坐在长沙发上，便在她身旁坐了下来。

她问我是干什么工作的，我告诉她自己正在研究结婚已久的夫妻之间如何保持激情。她对我的回答很感兴趣，这让我意识到自己的新工作正是一个搭讪的好话题。她是一名瑜伽老师，对直觉的兴趣要远远大于对科学的兴趣，但是她看起来很想得知更多的信息。她问了我一大堆问题，比如，你真的能研究激情和爱情吗？你有什么发现吗？我们的交谈一直持续了好几个小时。她了解了我对科学的热爱，我也得知了她上瑜伽课的一些细节。6 个月之后，我们结婚了。从一开始，我俩就有着不同的价值观和兴趣，但是我们没有互相排斥，而是通过让对方了解自己的世界找到了和谐相处之道。作为夫妻，我俩都成长为更充实且丰富的人。随着时间的推移，我们就像其他夫妻那样对彼此有了全面的认识，开始寻找新的方式来使自己成长、扩展。

这一过程有时毫不费力，但更多时候充满挑战和压力，它正是创造并维持有意义的人际关系的核心所在。这也是我从研究和临床经验中得出的观点，即处理人际关系中涉及的兴趣、激情和承诺是我们可以学会的技巧，并且可以把这些技巧应用到各种情况和关系中。

我和我的研究团队以及很多心理学家都发现，好奇心、新奇事物和不确定性会为我们解答这些问题：为什么我们需要处于人际关系之中？为什么我们会和某些人亲近而和另一些人疏远？我们如何让谈话变得更加令人愉快？为什么人际关系会随着时间的推移而衰退？我们的激情如何随着时间的推移而延伸？我的初期研究以及本章所关注的焦点就是浪漫的爱情，以及坠入情网后保鲜爱情的神奇之处。但是这些发现和观点也可以用于各种各样的社会活动，比如，与陌生人的交往、与同事的交谈，以及处理与我们生命中最重要的人之间的关系。

在本章中，你会了解到一些能使人际关系茁壮成长的思维方式和行为，其中有些是有违常理的。你不能等待问题出现后再去修复它们，而是要学会为你与他人相处的时间补充积极的能量，增添兴趣和意义。如果你能对这些方法加以利用，就能给你的人生以及你最关心的人带来巨大的回报。

快乐的人在遇到倒霉的事情时也能大笑着与陌生人拥抱，如果要说他们与其他人有什么区别，那就是他们的人际关系非常与众不同：快乐的人拥有令人满意而且富有意义的人际关系。

罗伯特·比斯瓦斯－迪纳（Robert Biswas-Diener）对快乐进行了研究，他采访了加利福尼亚州弗雷斯诺市的流浪汉和印度加尔各答贫民窟的妓女。尽管弗雷斯诺的流浪汉们有更多的食物、庇护所和免费医疗，但是加尔各答的妓女们却感到更加快乐。这是为什么？罗伯特指出，快乐并不是幸福人生所需要的全部内容。他总结道："加尔各答的穷人没有令人羡慕的生活，但是他们却过着有意义的人生。"具体来说，加尔各答的妓女们有着更紧密的社会纽带，她们与家庭成员经常接触，这能使她们更有效地克服穷困和堕落。紧密的社会关系为她们提供了意义和幸福时刻，使她们在各种困难之中仍然受到保护，不会受到伤害，就像龙卷风，虽然狂暴，但其中心地带却异常平静安全。

紧密的社会关系能创造出意义和幸福感。我们与他人的日常交往也同样非常重要，因为它们是创造良好人际关系的基础材料。当我们感觉受到他人的拒绝或伤害时，这往往会带来严重而持久的痛苦；而如果感觉受到他人的接受或关爱，则会给我们带来莫大的抚慰。

自我扩展和成长的最好方式也许就是与人形成亲密的人际关系。当两个人刚刚坠入爱河时，会感到爱情带来的狂喜。我们充满好奇心，渴望对对方有更多了解，这一点非常重要，因为在这些欲望的驱使下，我们可以通过"使对方融入自己"来发展出富有意义的人际关系。惯常的做法就是两人花些时间相处，或者分享彼此的经历。我们会向对方展现自己的现在和过去，对双方的差异我们会保持开放和尊重的态度，而且也注意到彼此相同的看法和兴趣。通过这些交流，我们可以获得对方在其人生中所积累的知识、洞察力、能力和人生财富（当然对方也能有同样的收获）。这是一个快速扩展自我的阶段，因为双方会轮流分享自己的人生，并把对方吸纳到自己的自我感之中。

我曾与一位正在热恋中的中年男士进行过交谈，当时他的恋爱已经持续了 3 个月的时间。他的日程安排非常丰富，比如外出用餐、参加派对或者去参加音乐会。他坦言道："我之前的样子真是惨不忍睹。我每天坐在电脑前 8 个小时，一直盼着下班，下班后在外面吃点儿快餐，晚上在家打打电子游戏。我现在仍是原来的我，但是却有了很大改善。"

通过亲密关系来进行自我扩展就像把钱存到了一个共同的银行账户里一样，双方都可以使用账户里的存款，但是亲密关系中的交流却远远超出了有形资产。当然，我们可以分享对方的物质财产（可以使用对方的物品），但是我们也可以分享对方的知识和智慧（可以使用对方的脑力）以及社会关系（可以认识并信任对方认识的人）。

当我们处于这样的关系中时，不仅可以加强与伴侣的亲密感，而且也能加强与他们的联系，同时，他们的品质也成了我们的一部分。如果我的伴侣喜欢钓鱼，而且我们也经常一起坐船去钓鱼，我就可以增加对天气和水流的了解，也会提高垂钓的技巧，而且也有了与他人聊天的新话题。伴侣的世界与我的人生相互交织在一起，仿佛能织出一幅精美的挂毯。

这解释了为什么有人指责我们的朋友、家庭成员和爱人时，我们会为他们辩护；反之，当他们受到赞美时，我们也会感到自豪。我们会认为别人的指责或赞美都是针对我们两个人。这也解释了人们为什么用"分裂"（break up）一词来描述一段恋情的结束。因为在恋情结束后，之前双方带入恋爱关系中的物质财产、知识、洞察力、哲学、价值观、朋友以及对世界的独特看法都再也不能共享。每个人在恋爱中都会扩展自我，在恋爱结束后，他们原本形成的整体会被分开。

我们一次又一次地看到，在良好的恋爱关系或其他亲密关系中，两个人都认可彼此的价值，他们不断地分享、观察、尊重、融合，并且根据情况的不同而接受或改变彼此。总体来说，**如果我们所处的人际关系能提供足够的机会让我们扩**

展自我，我们就会感到与对方更加亲密，而且对这段关系也更加满意。

一些非常有趣的研究表明，在持久的同性友谊中，我们把朋友的品质、兴趣和价值观也当成自己的一部分。通常，我们无法明确地界定出在遇到朋友之前自己的样子，即在他们开始影响并改变我们之前的样子。让我觉得有趣的是，这一过程在大脑中清晰可见。

实验探秘

在某项研究中，研究者要求被试说出一位亲密的同性朋友的名字。然后，被试接受了脑部扫描，在几分钟的时间里，被试会听到许多不同的名字，其中包括他们自己的名字、朋友的名字以及一些常见的普通名字。

研究者从其他研究中得知，当人们想起自己时，大脑中的特定区域会变亮。这是非常合乎情理的，因为大脑中不同的区域分管不同的任务，如果它们之间的界限变得模糊不清就会产生严重的后果，比如无法把食物送入口中或者无法回答他人的问题。当我们想起他人时，大脑中的某些区域会变得活跃起来。根据这些发现，我们可以大胆猜测，当我们把自己的人生与他人的人生相融合时，大脑会发生怎样的变化呢？科学家想知道，如果一个人正处于一段亲密关系中，并且把对方包含进了自己的自我感之中，那么当他想起对方时，大脑中与自我意识相关的那一部分是不是也会变得活跃起来？

神经学家的研究发现，上述问题的答案是肯定的。对处在亲密关系中的人们来说，当他们听到对方的名字时，他们大脑中与自我意识相关联的那部分区域也会亮起。但当他们听到其他熟悉的名字时却不会出现这样的反应。

大脑仍然把自我与他人分开，但是朋友、爱人和家庭成员与我们的人生息相关，他们与其他人是不一样的。当你与他们建立起亲密的关系，并且与对方进行最深入自我的交流时，这些人际关系会深深地印刻在你的大脑中。你的大脑会做出调整，并产生新的神经连接，这样就可以把最重要的人融入自我之中。

如何点燃激情、激发兴趣

所有的人际关系都有一个起点，比如偶然相遇、持续的社会交往或者历经时间考验的友好关系。所有这些都是我们开阔视野或提升人生品质的好机会。创造这些机会并牢牢抓住它们，需要人们的共同努力。我们会考虑某人与他人相比是否值得我们花费时间和精力，而他人也会对我们有着同样的考量。

科学发现表明，我们可以逐步采取一些措施来激发他人和自己的兴趣。

好奇心是所有人际关系中的火花

我们知道人际关系对幸福来说非常重要，也知道好奇心可以促使我们与他人进行交往，使自我得到扩展和成长。但是成为一个充满好奇心的人对创造健康而有意义的人际关系究竟有多少益处，我们仍然所知甚少。与一个充满好奇心的人分享你的人生，是不是会让你感觉良好？如果答案是肯定的，那么他们身上有什么东西深深吸引着你？为了找出这些问题的答案，我花了好几年的时间进行研究。

如果好奇心能改善社会交往，那么对恋人、朋友和家人来说，这一点应该尤为明显，而且对躲在单向玻璃后面进行观察的研究者来说也应该是显而易见的。我曾对好奇心带来的社会影响进行过一些研究。在研究中，陌生人被带到我们的实验室里，他们有 5 分钟的时间互相认识对方。在此之前，被试都填写了调查问卷，我们也据此把他们按照好奇心从低到高进行了排序。研究发现，**好奇心程度越高的人，越喜欢与陌生人交流，而且在谈话结束时他们也会感到与陌生人更加**

亲近。但是这种积极体验并不仅仅存在于他们的大脑中，好奇心程度高的人的同伴也有着同样的感受。

是哪些特点带来了这些有益的交流呢？在寻找答案的过程中，我们发现，充满好奇心的人把自己的同伴当成等待他们前去探索的广袤未知领域，他们不断地给对方提出问题，逐渐地深入到对方的崭新领域，而他们的交谈对象也很乐于成为别人关注的焦点。当他人对你表现出兴趣时，你会感觉良好，你也会感到自己富有魅力，同时你会对对方更感兴趣，彼此之间会感到更加亲近。

我与加州大学戴维斯分校的科学家合作研究了充满好奇心的人到底如何让自己受到众人的欢迎。我们想探究一下好奇心如何影响长久的人际关系以及新的人际关系。此项研究分为两部分。被试再次与陌生人进行了几分钟的互动，以确定给对方留下了什么样的印象。我们也对被试的大学同学、好朋友和父母进行了采访，对他们的优势、弱点，以及他们通常会有什么样的表现都进行了了解。最后，我们把这些不同的观点综合起来，就得知了这些好奇程度很高的人在与人交往时会给他人留下什么样的整体印象。

在 5 分钟的交流之后，参与研究的人表示，好奇心程度很高的人与好奇心程度较低的谈话对象之间存在着一些差异，前者会表现出如下的特征：

- 表现出广泛的兴趣。
- 非常热情、精力充沛、充满活力。
- 健谈。
- 主导谈话。
- 能恰当表达自己的观点。
- 语言和行为幽默风趣。
- 表现得轻松自然。

- 对谈话十分专注。

值得注意的是，陌生人在这些充满好奇心的人身上发现的品质与大学同学、好朋友以及父母在他们身上发现的品质几乎相同。比如，下面是他们与众不同的一些特点：

- 表现出广泛的兴趣。
- 能轻松主动地说出自己的一些信息（包括一些敏感话题）。
- 主导谈话。
- 颇具聪明才智。
- 能恰当表达自己的观点。
- 风趣，通常会主动开玩笑。
- 表现得轻松自然。
- 思想更为开放，较少做出主观臆断。

好奇心程度高的人会提出许多问题，但并不是进行单方面的探索。作为交换，他们也会与对方分享自己的个人信息。他们除了表现出强烈的好奇和质疑，也能恰当地表达自己的观点，对任何事情都非常专注和投入，而且持有开放的心态。这一点非常重要，因为只有当双方都想了解对方时，他们之间才会建立亲密关系。如果他人讲述人生中的精彩故事时，我们能做出建设性的回应，就可以加强并扩展对方的兴趣。这些有意义的谈话通常是持久人际关系的开端。因此，拥有好奇心的人在刚刚开始一段人际关系的时候就能表现出明显的优势。

好奇心程度极高的人在尝试新鲜事物时也表现出对痛苦的极大忍耐力，比如当他们不确定将要发生什么时，或者当面临与他们的信念相左的信息时。他们时刻观察着自己的内心以及周围发生的事情，更容易了解自己和他人的思想和情感，而他们的这种能力在别人眼中是显而易见的，而且也会受到他人的高度赞扬。

对痛苦的忍耐能使人们在成长过程中更好地适应被称为“混合体验”的东西，即那些既能带来消极紧张情绪，也能带来激动快乐情绪的复杂情况。当我们第一次见到某人时，可能会出现混合的情绪体验（因他是潜在的商业合作伙伴而感到激动，同时又因为不知道他是否对你或你的提议感兴趣而焦虑）；因为与朋友或家人有意见分歧而感到愤怒，但最终又因问题得到解决而体验到轻松和积极的情绪。

并不是所有的谈话都是愉快的。充满好奇心和宽容心的人能够保持开放和投入的心态，因此他们在应对情感方面的挑战时占有优势。反之，当我们没有好奇心时，或者当好奇心让位于焦虑的情绪或对确定性的渴望时，我们则会更加倾向于避免或逃离这些情形。这种容忍或应对消极情绪的能力会促使我们对自己进行探索和了解，并能创造出机会以吸引他人。同样，当我们因心情沮丧或愤怒而无法应对他人的嘲弄或者倒霉事时，我们对他人而言就会缺少吸引力，而且也会限制我们与他人的交往或人际关系的加深。

好奇的人能从社会交往中获取巨大的快乐和意义，也会令他们的交往对象感到愉快，因此渴望与他们相处。如果能效仿他们的做法，我们就会更积极地参与到社会交往中，更好地激发他人的兴趣，使自己更富有吸引力。

好奇心的非语言表达更有力

如果你仔细注意一下他人的反应，会发现与人们的语言相比，不经意之间流露出的非语言表达会更加重要。我还记得在研究生院的时候，有一次，学生们带着各自的同伴与全体教职员工一起共进晚餐，这种晚餐很有意思，但也容易引起人们的焦虑。

一位教授讲了一个有些粗俗的段子，他讲故事的时候两腿分开站立，双手在空中挥舞，幅度很大。他的前面坐着一群听得十分入神的听众，不过其中一些学生还是被他的动作吓了一跳。有个女学生正在一点儿一点儿地向后挪动椅子，试图与这位教授拉开一些距离。但是这位教授显然没有注意到学生的举动，仍然不时地盯着女学生的方向看她是否在认真聆听故事。于是就出现了非常滑稽的一幕——女学生向后挪动一下椅子，教授就会向前移动一步，女学生继续向后撤椅子，教授就继续向前迈进。最终，女学生退到墙角蜷缩在那里……也许那位教授很喜欢看到她的不安，不过更有可能的是，教授正忙着给大家讲故事而没有注意到发生了什么。虽然有些人很喜欢听他的故事，但是大多数人都被他咄咄逼人的气势和肢体动作吓到了。

有研究发现，当人们试图传达某个信息时，只有 7% 的内容是通过语言传达的，其余的内容是由人们的说话方式传达的，比如面部表情、姿势、肢体动作、声调等。如果你想与某人进行交流，那么单纯聆听是远远不够的，你还需要对他进行仔细观察。当你在讲述一个平淡无奇又有些无聊的故事时，他人是不会用语言表达自己的沮丧心情的，因为人们非常注重礼貌。因此，如果你真的想知道他人的真实想法，就需要留意他们在与你交流时的其他表达方式。

当人们缺乏好奇心时，需要付出很多努力和精力才能达到同样的目的，我们称之为“高成本交流”。有人对如何辨认他人的情绪并与他们的情绪变化保持一致进行了专门研究。保罗·艾克曼（Paul Ekman）是一位知名的心理学家，主要研究人的各种情绪。他发现，如果人们对新体验持开放态度而且好奇心程度较高，就会更擅长觉察他人的情绪变化并随之做出调整，因此他们更擅长与谈话对象进行交流。同时，情绪的同步性也会使人们的相处更为融洽，并且能使人们更好地理解对方的想法、话语或行为，这被称为“低成本交流”。

此项研究的闪光之处就在于，它证明了觉察他人的情绪变化是一项可以学习的技能。下次与他人进行交流的时候，你可以试着拿出 2 分钟时间，在这 2 分钟里要试着忘记你想给他人留下什么样的印象，忘记你下一步打算说什么，忘记你的日程安排。你只是全神贯注地留意对方到底在传达什么信息。他是否很紧张、兴奋，并且在轻轻地触碰你？在约会时，他是否故意模仿你的一举一动逗你笑，或是以玩笑的方式对你进行调侃？如果是的话，那么你的谈话对象就是一个十分投入而且非常有趣的人。但是你也需要观察一下他的变化：他的一些细微身体动作是否表明他想离开？他是否缺乏足够的眼神交流？

就在这 2 分钟的时间里，你需要与对方的情绪保持同步状态，而且要对其所传达的信息表示尊重。也许你会注意到自己很少进行这种练习，而且会发现你在谈话中错过了很多信息。如果你能经常进行这样的练习，就可以变得更加幽默风趣且受人欢迎。

我发现，我们不应该消极地等待令人失望的谈话自行结束，而是可以积极地去改变话题的方向。在多个研究中，我让成对的陌生人进入到实验室里，通过共处 45 分钟的时间来了解对方。我为他们提供了一些问题，要求他们就这些问题轮流向对方提问。有些人得到的问题非常无聊乏味，如果你在鸡尾酒会上跟别人聊这些问题的话，你永远也得不到什么好结果，比如：你觉得天气如何？你喜欢看什么样的报纸？为什么？你上次去动物园的时候吃了些什么？而有些人得到的问题则需要他们做出进一步的自我剖析才能回答，而这会有利于他们创造出积极情感和亲密感，比如：如果你只能保留一个记忆，那么你想记住什么？如果水晶球可以告诉你任何事情的真相，你最想知道什么？为什么？

通常来说，人们在高度展露自我之后会感到与对方更为亲密。但是我们也发现，无论是在闲聊还是深层次的谈话中，**好奇心程度高的人能产生强烈的积极情绪和亲密感**。同时，他们也更容易给对方留下电话号码以期待再次相见。他们清晰地表达出了探索潜在人际关系的渴望。这是为什么？到底是什么原因？

充满好奇心的人会通过多种方式使无聊的谈话变得更有意思。第一，他们对同伴非常关注，对同伴的话语和行为持开放和接纳的态度。他们拒绝仅仅根据第一印象就给对方贴上标签，能非常灵活地改变自己对对方的看法。第二，他们鼓励同伴发现并坚持自己的兴趣，并且与他人分享。第三，他们注意保持谈话的趣味性，因此更容易以毫无恶意的玩笑的方式提到一些敏感或者看似禁忌的话题（比如种族、宗教、政治和性等话题）。他们较少审察自己，乐于分享脑海中出现的任何有意思的想法。这些发现与我前面所提到的早期研究发现是一致的：好奇心程度高的人在陌生人和好友的眼中都是自然大方、充满活力而且风趣幽默的。

我把这一策略称为“跨越亲密障碍”。当你以天气或者大学里学什么专业这样的话题来开始谈话，希望得到既有趣又有意义的对话时，为什么不直奔主题呢？如果你兴致勃勃，你的同伴也会产生同样的情绪；而如果你只是想走走过场，那么你的同伴也会跟你一样。

无论你有何种意图，清晰地表达你的兴趣、说明自己不喜欢的东西能使你在社交世界中变得真实可信。你自己也会成为你所渴望获得的那个同伴。最终，好奇心能为人们创造出自由呼吸的空间，并为谈话和人际关系中出现的积极情感、兴趣和意义创造空间。

适度平衡焦虑和兴奋

无论与某人的关系最终将变得多么亲密，在刚开始的时候，我们只是对彼此一无所知的陌生人。在试图激发他人的兴趣之前，我们需要确保他们感到舒适，需要让每个人都放松下来，也需要给他们少量暗示，引导他们去关注我们的周到、真挚、可信以及兴趣。

当在网上遇到某人时，我们无法对他的面部表情、肢体语言、声调等进行面对面的观察，更不用说表现出兴趣，因此我们无法与他的情绪变化保持一致。在网络上，对他人的信任需要花费更长时间，谎言和欺骗也更难以辨认。因此，在现实中，第一次见面就突然拒绝对方是非常普遍的。网络上发展起来的亲密感需要在现实世界中重新培养。

无论你接下来会遇到什么情况，这里有一些科学指南能帮助你增强好奇心，从而获得更有意义的人际关系。它们主要包括如何打破不确定性的最初障碍，以建立起双方能够开始交往的共同点。它们可以创造条件使你表现更出众，也会带来一些能点燃兴趣和激情的引人注意的时刻。

1. 勇于冒险，学会分享。焦虑是很正常的，试图给人留下美好印象是很正常的，避免让自己显得愚蠢也是很正常的，因此放心大胆地与人交谈吧。有时，人们会觉得与对方没有什么可聊的，其实这并不是他们的真实想法。他们其实是觉得没有什么有趣的话题可谈，而且他们会对脑海中冒出来的想法一一进行审查。所以，你应该大胆说出自己的想法，你的同伴可能也有同样的担心；你猜结果怎么着？如果你能开口讲话的话，你们两个人都会感到轻松自在。

2. 让你的同伴感到安全。没有任何人能在一开始就有非常明确的动机，因此你需要创造出一种安全的环境。不要过于挑剔，且应避免诋毁以前认识的人。请记住一条箴言：过去是未来最好的预言家。当你想讲述过去那些尴尬事以及令人不愉快或忧虑不安的事情之前，即使这些故事很有意思，你也需要确保你们已经建立了一个供双方交流的安全环境，而且要保证双方能保持步调一致。

3. 发现同伴的兴趣，学会认真倾听。赢得某人好感的最好方式就是让他讲述自己最关心的事情，即他的兴趣和激情所在。你可以向他提出一些问题。如果你们之间有共同点，那就强调这些共同之处。你的提问应该富有建设性，并且关注对方兴趣中的积极方面。当同伴向你敞开心扉后，你应当以同样的方式与他分享你的想法、感觉，以及你的梦想。对同伴的担忧你应当表示支持，用你的感觉和经验对其进行补充或润色，并进行检查以确保你们的谈话是有互动的。

4. 语言只是讲述过程的一部分。语言和动作都要真诚。你的姿势、声音、面部表情、眼神接触、你与对方之间的距离、你触碰他人的方式和时机，所有这些都能传达你的情绪——包括积极情绪和消极情绪，并且传达出你是否关注和投入谈话。

5. 不要成为能量的吸血鬼。你应当表现出对对方的消极情绪和消极事件的理解，而且要表明你不会不负责任地进行宣扬。在人们的首次见面谈话中常常会出现分歧、焦虑和愤怒，但重要的是你如何做出回应：你需要有极高的好奇心，采用“跨越亲密障碍”的方法，与他人进行兴致勃勃且富有激情的“低成本交流”。这就像跳交谊舞一样，你需要对舞伴极其留意，万一你的步子走错了，就要仔细观察对方的舞步，及时做出调整。

6. 开放的心态。如果提前展望未来，你也许会在某些领域发生偏离。如果你把这些偏离当成机遇而不是危险的路障，你在这些情况下也能取得最好的结果。不要因为害怕就对某些话题避而不谈。比如，如果你们对种族、政治、宗教有着不同的见解，将会发生什么情况？结果有可能是两人之间产生和谐的融合。但你需要保持开放的心态，聆听他人的话语。如果担心自己会错过对方的观点，可以这样打断对方：“听起来你好像是在说……是吗？”“让我看一下是不是听明白了你刚才说的……我没有错过什么信息吧？”每个人都想得到他人的理解。不要妄加猜想。你需要保持开放的心态，努力去发现。

7. 关注交流而不是结果。记住，在对话中你只承担 50% 的内容。你永远无法控制结局，你能够掌控的只有自己的行为和想法。你可以对自己的表现做出判断，而不是对结果加以评价。最坏的情况也不过就是你无法结识一位新朋友。在一场客气而友好的谈话中，如果双方都坚持各自的观点，互相之间无法沟通，那么对话就有可能会突然中断。想象一下这个情景，你在排队买滚石演唱会门票时与一位美丽的陌生女郎搭讪，在谈话过程中你变得非常幽默风趣，而且提的问题也恰到好处。但是，当你向她要电话号码时，她却摇摇头，走开了。你会怀疑这是不是自己的问题，是不是自己的发型太难看，或者认为自己的表现很完美，只是她不感兴趣而已。请放自己一马吧。你只对谈话的一半内容负责。如果忘记了这一点，你会让你们的交谈更加艰难。

你需要记住的最重要的一点就是，刻意的风趣幽默并不能带来良好的人际关系，而是应该向对方表达出真诚的兴趣。你无须做出承诺或是提前做出决定。兴趣和好奇心能带来积极的情感，这种情感极具感染力。无论结果如何，无论交往的下一步要做什么，当两个人感觉良好时，通往充满意义、乐趣和真情的谈话之门就会敞开。

如何拥有持久的爱情

正如我们前面看到的那样，要开始一段人际关系是非常具有挑战性的，因为我们永远不知道他人的想法，也不知道对方是否真的喜欢我们。这也是我们更偏爱与自己在外表、才智、兴趣、看法等方面相似的人在一起的原因。因为这样我们更易被他人所接受，而且双方能保持一致。拒绝一个与你很像的人就像是拒绝你自己一样。

但是当我们只关注双方的相似点时，就会忽略一个事实，即我们对他人其实知之甚少。事实上，这种未知是增强人际关系的关键因素。“正负相吸”是适用于很多人际关系的一条准则。如果我们能对他人的未知领域进行关注，并且去了解彼此之间的差异，这会对我们极有帮助。

对差异进行关注，需要我们采取一种新的心态。我们需要打破原有的假定和预期，以全新的角度去看待人和事，这样就会为人际关系带来新的发展。

如果人类渴望成长和挑战（即使这会给人带来暂时的不安），那么与跟我们很相似的人相比，那些拥有独特知识和经历而且能与我们形成互补的人会更具吸引力。在这种情况下，我们会对新朋友或新恋人最为着迷，因为与那些跟我们有着相同的观点和兴趣的人相比，新朋友可以提供更多机会进行自我扩展。

大多数人在试图培养人际关系时都会经历一个常见的矛盾：我们既想寻求激情和人际交往的奖励，也想防止痛苦或者遭受别人的拒绝。当我们犹豫着是否要发展一段新的人际关系时，常常会思考下面两个问题：

1. 他有魅力吗？当我们思考某人是否有魅力时，往往是在想：如果与他建立起人际关系，这将在多大程度上帮助我扩展或成长？如果我们无须某人的帮助就可以把事情搞定，当然就没有理由与他建立人际关系了。

2. 这一段关系有机会吗？我们会想：通过与某人建立起关系并维护关系来进行自我扩展，这种方式到底有多少可行性？

实验探秘

在我与阿伦的一项研究中，我们创建了一套虚假的电脑约会系统，这个系统并不以爱情为目的，而是要帮助大学生寻找友谊。所有的被试列举出他们的兴趣爱好，一周之后我们请他们看一份其他被试写的资料，然后让他们判断是否喜欢这个人，是否想与这个人见面。其中有一半的被试被告知我们这个交友系统非常可靠，为他们匹配的都是最佳人选。而另一半被试则没有被告知任何信息。结果发现，当人们对能否发展一段友谊一无所知时，他们更喜欢选择那些与他们有着共同兴趣的对象。但是当他们被告知有可能与对方发展友谊时，他们则更喜欢选择那些与他们有着不同兴趣而且能互补的对象。也就是说，当人们对某段关系很有信心时，他们希望交往的对象个性独特、风趣幽默，并且有利于开阔自己的视野。

其他研究者也得到了类似的结论。比如，很多已婚夫妇都有着共同奋斗的目标，小到保证冰箱塞满食物，大到存钱买辆新车。夫妻双方最好在为目标努力的过程中或者共同做出决定时采取互补的方式。

夫妻双方可以根据自己的专长进行分工，这样有利于他们在实现重要目标的过程中取得更大的成功。比如，你和爱人打算去罗马度假，如果在制订旅行计划时两个人能合理分工，效率就会更高。比如，一人负责预订航班和酒店，一人负责在收拾行李时仔细检查每件物品以免出现差错（比如检查护照是否在有效期，看一看是否带足了防晒霜），或者负责查寻旅途中“绝不能错过的景点”的相关信息。

由此可见，与那些和我们形成互补的人在一起，真是一件幸运的事情。研究者发现，**那些在为目标奋斗以及做出决定的过程中能够采用互补策略的夫妻，能够拥有最忠诚、最满意的夫妻关系，而采用相似策略的夫妻则不会对婚姻感到如此满意**。

就像一支球队一样，每个队员都在队里扮演着独一无二的角色，为整支队伍做出自己独特的贡献，这样才能带来更多的个人价值以及更有意义的合作。对人生中的各种团队，我们必须花时间来发现并培养他人的优势力量，同时还要重视彼此之间存在的差异。你需要告诉同伴你在他身上发现了什么，并且向他表达赏识。这并不是一次性就能完成的任务。我们都在不断地成长，其他人也在成长，对他人才能的了解也是一个持续的过程。每个人都有自己的优势，如果你尚未发现，你就需要更加努力地寻找。也许你是忽略了或者没有注意到他人的出色表现以及他们的能量来源。你应该从他们的视角去看待他们的人生，而不是从你的角度去看待问题。当你发现他们的优势力量时，你需要表达你的认可，学会与他人分享这些见解，而且在与对方交谈的过程中可以时常提到他们的优点。

对人际关系的科学认识可以帮我们挑选出能与我们维持长久爱情关系的理想

爱人。当然，并不能保证这些秘诀适用于所有情况。总体来说，有三大秘诀：

- 共享双方的共性，这有利于建立起一个安全的基础（尤其是当核心价值观受到人们的尊重和重视时）。
- 共享双方的差异，这会为人们的扩展和成长提供机会。
- 共享双方的变化和发展，这需要人们不断地去发现和接纳。

注意，在某些领域中，双方的相同点会带来成功的人际关系。研究表明，在身体魅力和才智因素方面，幸福的夫妻往往是非常相似的。如果考虑到价值观或人生准则，比如对婚姻的看法，我们很难发现夫妻之间存在差异。这可能会引起人们的激烈争议，但是在这些方面，人们的确很少发生争执，因此他们也很少有机会进行自我扩展。

这些重要领域里的差异在刚开始的时候可能还挺有意思，但是当人们在做出重大决定时，比如在如何抚养孩子的问题上，双方的差异就有可能演变成敌意。因此对核心价值观进行了解是极其重要的，它会为你的决策提供坚实的基础，比如你希望共度一生的伴侣是什么样子的。

如果不考虑这些重要的价值观，寻找一位与你有着迥异的兴趣、技能、能力、志向、观点以及资源的伴侣，是非常有价值的。这些差异以及双方各自的独特优势在爱情中会起独特而重要的作用。这些差异能点燃好奇心和激情，并为双方进行探索、发现和学习提供足够的机会。每个人都希望得到他人的陪伴，同伴在一起可以玩得很开心，还可以与对方分享自己独特的世界，为人们带来激情和承诺。在这个人际关系中，人们对新奇事物和变化的渴求得到了满足。

人与人的差异可能会使他们相互吸引，但是单纯的吸引并不意味着两人之间一定会形成并维持长久的人际关系。差异意味着两个人之间没有太多相同之处。

我们不能非黑即白地看待他人，而最好把人与人的相同点当成一种连续的统一体。当对人群进行分门别类时，我们往往会夸大对方与我们的差异，而低估了对方其实也可以很好地融入我们的人生空间。**最理想的情况就是两个人有着互补的兴趣、优势和技能，双方彼此尊重，而且都渴望理解对方的付出。**

影响牢固关系的四大因素

无论我们是拥有复杂庞大的社会关系网，还是喜欢仅仅与少数密友保持亲密关系，我们天生都渴望获得深厚而有意义的社会关系。但是友谊或爱情都无法唾手可得，而且也都很难维系。“不幸”和“失败”是不可避免的，但是我们可以采取一些策略来战胜它们。

孤独

有不少人的社会需求没有得到满足，因此他们感到没有任何朋友或者不属于任何团体。近 25% 的人会遭受孤独和强烈的社交焦虑的折磨，并且害怕遭到抛弃。

当我们老去时，会远离这个纷繁复杂的社会，此时，我们会更难满足自身的社会需求。很多老年人会感到孤独或者与人疏远。老朋友去世，身体变差，儿孙也很少打来电话，更不用说前来探望，因此他们大多数时间里都是孤身一人。此外，长期形成的习惯会阻碍他们尝试新鲜事物，很少有老年人乐意发展新的友谊。一方面，他们本身就没有动力去跟陌生人交谈；另一方面，他们也没有这样的机会，因此无法建立新的人际关系。

而有些人则害怕遭到他人的拒绝和抛弃，对亲密行为非常抗拒，还有其他一些原因也使他们感到自己很不受欢迎，因此他们从来不曾发展持久而有意义的人际关系。他们质疑自己是否有能力给他人留下良好印象，怀疑自己能否被他人所接受。**如果对归属感的强烈需求没有得到满足，那么归属感就会慢慢衰退。**这些问题并不仅限于渴望发展新关系的人，我们也经常看到很多恋爱中的人也因为感到孤独而分手。

无聊

恋人们决定分手或寻求心理帮助有各种各样的原因，最重要的就是，一旦激情消失，他们之间就只有空洞的谈话和令人无法忍受的无聊。

当人们缺乏扩展自我的机会时，就会产生失落感，并且渴望寻找兴趣和激情的其他来源。尤其在夜深人静时，我们会反复问一个问题：怎么会这样呢?

比如婚姻。刚开始的时候，夫妻两个人会度过很多激情四射的夜晚，可是短短几年之后，两个人甚至需要用“石头、剪刀、布”的方法来决定谁去清理卫生间墙上的霉点。当人们忙于各种琐事时，爱情就会逐渐失去它的光彩。我们对伴侣的了解已达到饱和状态，无法通过他们进行自我扩展，因此最初的积极情感就会随着时间的推移而慢慢衰退。我们非常确信已经完全了解对方，而且从对方身上获得的技能也已经被收纳到我们自己的工具箱里。

我们不再注意伴侣的语言和动作，而是根据经验推测他们的想法、行为和感受。我们更多地依赖过去而不是现在，比如下面的例子。

有一次，吉恩在一个公共停车场里想换上健身服，但是当他正在脱工作服的时候被警察逮个正着，并因行为有伤风化而得到一张罚单。事后，他没有把这件事告诉妻子。这并不是因为这件事对他毫无影响，事实上，他整整一个星期都在思索为什么他换衣服时仅仅 10 秒钟的裸露就招来了警察。警察原本不是该去侦破一些更重要的案件，比如商店抢劫或者杀人案之类的吗？他不想把这件事告诉妻子，他觉得自己知道妻子将会说些什么：“如果你对警察客客气气的，你就没事了。”“如果你管钱的话，你就知道这 200 美元罚款意味着什么！”“你能不能别再像你教的学生一样愣头愣脑的了！”因此，他一直没有把这件事告诉妻子，而是与其他朋友分享了这个好玩的故事。

可问题是，当他这样做时，他忽视了环境的影响以及人们可能做出的改变。他的妻子也许是有一些固有的处事方式，也就是说她有稳定的个性。但是他忽略了每个情况都与其他情况有所不同，即使妻子平时偏向于保守，可如果吉恩能仔细观察的话，他会发现妻子有时也很开放叛逆。她也许会觉得吉恩在公共场合赤身裸体的样子非常好玩，或者因为吉恩这种孩子般的鲁莽举动与他的教授身份不符而觉得十分搞笑。

通过猜测妻子的反应，吉恩可能错过了一次与妻子进行交流的大好机会。他选择不把这件事告诉妻子，这与他们热恋时的情况可有着天壤之别。夫妻之间刚开始时会彼此相互探索发现，但之后却缓慢而又不知不觉地发生着变化。他们现在会臆断对方的反应，给对方的行为下定论，这非常不利于人际关系的成长和发展。

研究发现，**当我们认为人际关系中的自我扩展阶段正在衰退时（我们会因即将到来的沉闷而心生恐惧），我们就容易背叛对方，开始寻找其他途径来满足自身的需求**。当所处的人际关系能满足我们对安全和成长的需求时，我们就不会痴迷于那个拥有一双漂亮蓝眼睛和一副魔鬼身材的女同事。

当自我扩展的机会开始减少时，爱情就会遭受“7 年之痒”，很多情侣都有过这样的痛苦经历。不过 7 年还算是比较乐观的说法，因为近期有人对情侣进行了纵向研究，结果表明，很多人在爱情的前两三年就开始“痒”了。

但是如果我们能对熟悉的事物多一分留意，而且不断地给人际关系带来新鲜感，那么这种沉闷无聊的状况并非无法避免。

过于熟悉

无聊也会对其他人际关系造成影响。当我们觉得与朋友太过熟悉而无须培养友谊时，往往就会产生这样的结果。你可以把人际关系想象为一个进行即兴表演的喜剧剧团。在你与对方相识多年后，会感觉无须再付出任何努力。此时，你的行为很容易就依赖剧本，也就是说，你已经进入一种“自动驾驶”的状态。

比如有一对朋友，其中一个人总会主动联系对方，这样就避免了两个人因长久不联系而生疏。可是另一个人却非常地随性，他不会主动给对方打电话或发邮件，而且总是临时改变计划。那个总是主动联系对方的人终于感到厌倦了，于是转而投向其他人际关系（在新的人际关系中，人们很注重彼此的回报），或者那个性格开放、喜欢冒险的人感到无须再努力吸引他人，开始寻求更深层的交往——此时，他们原有的剧本就会作废。

如果我们没有意识到我们对朋友如何度过他们的人生一无所知，那么我们和朋友之间的友谊就会慢慢枯萎。

我们过着忙忙碌碌的生活，很难维护好各种人际关系，不管是与朋友还是与家人。成年后，我们会同时有多个各自独立的社交圈子，比如高中同学、大学同学、工作伙伴，还有一些在社交场合中偶遇但感觉默契的人后来也成了我们的朋友。我们需要有意识地与这些人保持联系，需要在变化和成长的过程中让他们更新对我们的了解，当然，我们也需要他们做出同样的举动。

兴趣的鸿沟

很多情侣在一开始的时候都宣称彼此深爱、至死不渝，但是这种誓言往往只能维持短短几年的时间。美国疾病控制中心发现，在共处 5 年之后，49% 的情侣会决定中止关系；10 年之后，62% 的情侣会选择分手或离婚。当然，那些不断吵架、有暴力或出轨行为的情侣确实应该结束他们的关系，但是这一类的情侣只占极少数。大多数情侣都面临着一些并不太明显的问题。

有时人际关系会停滞不前甚至终止，其中一个主要原因就是在人际关系中，双方共享的兴趣和活动出现了日益扩大的鸿沟。人们相信他们可以根据过去的情况来指导现在的行为，但是这往往会带来失败的结局。我们人生中的各个方面都存在着新奇事物，它们在向我们召唤。当我们体验新的兴趣时，我们的好恶就会增宽或加强（即使幅度非常小）。

为了保持亲密感，我们每个人都需要在人际关系中寻找并分享新的知识和洞察力。即使我们想保持一成不变，我们也知道每个人其实都在不断地发生变化。那么，为什么还要求所关心的人保持一成不变呢？我们对变化如何做出回应，最终会成为我们社交世界的宝贵财富——我们是开放好奇，还是自我封闭？

高质量婚姻的秘密

大量证据表明，如果人们与同伴有很多时间进行面对面的交流，那么他们的人际关系就会令人满意。但是更重要的不是交流时间的长短，而是如何度过这些时间。你们是遵循一直以来形成的习惯或惯例，还是把自己置于新奇的环境中，密切关注对方兴趣和情绪的变化，就像我们照顾孩子一样仔细？

像外出用餐或散步这样的愉快经历会暂时改善我们的心情，但是这些经历也很容易被人遗忘。我们只有积极关注，才能利用好奇心和开放性来防止激情和满足感的衰退。有些夫妻在蜜月期结束后仍然能充满激情，他们有一个显著特点就是对对方十分关注。

弗雷迪是一位82岁的退休老人，他与妻子贝蒂结婚已经54年了。表面看来，他非常虚弱，双腿颤抖，每走一步都要花很长的时间。但是在与他进行交谈的时候，我很快发现他给人们的第一印象非常具有欺骗性。他退休是因为他“厌倦了工作”。弗雷迪非常自豪地说，他是当地一家喜剧俱乐部的老板，兼职做药剂师，他经常去健身房锻炼，还喜欢炒股。

采访结束后，他还禁不住告诉我他这周末要和贝蒂一起去巴拿马运河乘船旅行，“因为河闸控制系统非常有意思”，他想“亲自看一看”。当被问及他为什么如此精力充沛时，他说：“当你的爱人还健在时，你就拥有一切，也可以做任何想做的事情……你需要被爱的感觉，也需要付出你的爱。”弗雷迪的例子表明，人们在刚刚相识时的甜蜜期结束后，也有可能继续维持激情。弗雷迪几乎做任何事情都要与妻子一起，喜欢与妻子分享。他不仅经常和妻子一起步行去超市，更喜欢做一些充满激情的事情，而贝蒂通常也乐意一起去做。

爱人能给予我们关怀和安全感，但是在新环境或危险情形中体验到的焦虑和紧张却常常使我们感到充满活力、激动不已。这会激发我们在初次约会时的那种感觉，当时没有人知道未来会发生什么，一切能否顺利。我们重新激起了自我扩展和精力充沛的精神状态，与同伴的关系也变得更加亲密。

我们把积极体验与同伴以及人际关系连接起来，这整个过程都是在我们的意识之外发生的。也就是说，当我们与同伴一起做了某件有趣的事情后，会体会到阵阵爱的感觉，却常常不知道原因何在。

实验探秘

为了检验这些观点，研究者给 53 对夫妻分配了一些提高人际关系的任务。他们结婚时间平均长达 15 年，因此任何变化都会对他们的婚姻关系产生深远的影响。首先，被试先浏览一系列活动的清单，并且依据夫妻两人一起从事这些活动时的愉快或兴奋程度进行排序。被人们列为令人非常兴奋的活动通常包括跳舞、去听音乐会、遇见陌生人，还包括一些激烈的体育运动；被人们列为令人愉快（但并不令人兴奋）的活动通常包括拜访朋友、看电影或外出就餐。

研究者随机抽取了一些夫妻，并要求他们在接下来的 10 周里每周拿出一个半小时的时间去从事那些“令人兴奋”或“令人愉快”的活动，具体活动看他们自己的排序。他们必须从自己的清单中进行选择，因为对你来说很有趣的事情对别人来说或许很无聊。研究者对其他夫妻则没有特殊要求，他们只是在接下来的 10 周里按照原本的样子按部就班地生活。

科学家发现，单纯的共处对提高人际关系的质量远远不够，而一起做一些令人兴奋的事情要比做令人愉快或放松的事情更为重要。如果这些夫妻能在接下来的 10 周里从事更多令人兴奋的事情，那么与按部就班的夫妻们相比，他们对婚姻能有更多的满足感。这些发现有重要的价值，因为短短的 10 周之后，那些共同生活了 10 年、20 年甚至 30 年的夫妻就会对婚姻产生新的想法。而且当他们的婚姻生活中加入了令人兴奋的事情之后，他们会对婚姻感到更加满意。

为了探究为什么参加令人兴奋的活动会带来更大的满足，研究者向 112 对平均结婚已经 6 年的夫妻提出了一些问题，比如：“在婚姻生活中，你会感到何种程度的厌倦？”“你对婚姻生活中要做的事情感到何种程度的兴奋？”研究发现，如果夫妻双方能一起从事更多令人兴奋的活动，他们的满意度会更高，因为这些活动能打破婚姻生活中日益出现的单调无聊。

为了测试新奇和令人兴奋的活动是否能消除婚姻关系中的无聊，我们让这些被试夫妻在实验室接受了一系列实验，以检测这些活动所起到的作用。研究者对实验环境进行了控制，以确保被试夫妻所参加的活动都是相同的（这样可以避免有些夫妻只喜欢那些有意思的活动）。

实验探秘

这一系列研究的对象是几十对结婚一年以上的夫妻。其中有些夫妻接受的任务只有 7 分钟的时间，但任务非常新奇，需要两人共同完成。比如，他们的手腕和脚踝被绑在一起，需要想方设法从房间的一侧移动到另一侧，而且房间里铺着柔软的塑料泡沫，中间还有许多卷好的瑜伽垫被堆成金字塔的形状。为了增加难度，他们还必须在不用手的情况下把一个圆柱体形状的塑料泡沫带到房间的另一侧。

任务结束后，被试夫妻都说这是个稀奇古怪的任务。这种反应很正常，如果你不觉得它古怪的话，那说明你平时的生活就很与众不同。还有一批被试夫妻轮流爬过那堆瑜伽垫，然后再爬回来，不停地重复同样的动作直到时间结束。他们也是夫妻两人同时进行，但是他们的手脚没有被绑在一起，只是简单地完成爬过垫子和搬运圆柱泡沫的任务。基本上，他们就是轮流在垫子上爬行。

当我们期待第一组夫妻会有更加良好的感觉时，我们也发现了一个十分有趣的现象——第一组夫妻不仅感觉良好，而且与从事无聊任务的夫妻相比，他们对夫妻关系竟然产生了全新的认识。仅仅 7 分钟的特殊任务结束后，他们觉得已经持续了很长时间的婚姻关系给他们带来了更多的满足感。也就是说，共有的积极情绪影响了他们对整个婚姻关系的看法，他们感觉婚姻生活变得更加有益、更令人满意，而且更有意义。

而那些接受无聊任务的被试夫妻则没有类似的体会。事实上，其中很多被试夫妻在无聊的任务完成之后，对婚姻关系会感到更加不满。这一发现有着重要的意义。如果你在空闲时间里无法从事有趣的活动，那么你就会逐渐感到你的伴侣和婚姻生活极其无聊和乏味。

还有一些心理学家发现，坐等婚姻关系破裂是对待婚姻关系或其他亲密关系的错误方式。他们对一批没有心理问题的健康夫妻进行了研究，教给他们正念疗法的一些简单技巧，即教他们对自己的思想和感觉要持开放和好奇的态度，要积极处理消极情绪（而不是回避或忽略），而且要依据核心价值观来生活。此外，他们还要学会善待自己和他人，学习瑜伽等运动，这些方法能使夫妻双方同时平静下来。

心理学家们进行了一系列临床测试以检测正念疗法是否可行，结果非常不错。这些被试夫妻对他们的婚姻感到更加满意。究其原因，这些干预能使被试夫妻共同参加一些新奇有趣的活动，从而让他们发现伴侣的优良品质和婚姻的美好一面，而这些都是他们以前忽略的。因此，如果想让婚姻关系获得良好的发展，我们就需要采取灵活的态度，需要不断透过表面深入了解我们的伴侣。在这一过程中，我们就可以与伴侣达到心灵上的默契相通。

你们与另一对夫妻之间的友谊能对你们婚姻关系中的兴趣和亲密程度产生重要的影响。两对夫妻之间培养友谊可不是件容易的事情，这需要每对夫妻的任何一方都对另一对夫妻的任何一方怀有好感。一旦找到了适合交往的另一对情侣，那么你不但扩大了社交范围，而且也有利于改善你的婚姻关系。原因就在于，无论我们与某人相处的时间有多久，我们所知的只是此人的一小部分。我们的行为能对伴侣产生影响和改变，因此：

- 我们永远无法得知伴侣到底是什么样的人（这被称为“观察者效应”）。
- 我们通常过分强调自己希望看到的事情。
- 我们通常无法识别出自己不希望看到的事情，或者对其重视不足。

作为关系里的一员，我们会失去客观性，无法看到伴侣的真实面目。如果想重塑恋爱初期涌动的积极情绪和极速的自我扩展，如果希望被注意并让伴侣感到受关注，那么我们就必须改变心态，要从漫不经心的状态转变为充满好奇心的探索者的状态。

在与另一对情侣的交往中，我可以对伴侣进行更深入的了解。当她向别人讲述一个故事时，虽然我曾经听过这个故事，但当我看到其他人在认真倾听、会心大笑，或者完全入迷时，我能再次发现新的意义。看到别人都被我的伴侣深深地吸引，我也会觉得她愈发地有魅力。我们都是社会性的生物，因此非常重视我们所关心的人的想法。尽管听起来有些夸张，但是当我在我的人生伴侣身上发现某个新的闪光点时，她在我心中就会身价倍增。

除了对我的伴侣越来越感激，越来越着迷，我也会发现一些新的方面。我的伴侣会更好地了解我的好恶，因此她不会把自己的过去和日常琐事全都告诉我。我们都能意识到哪些事情会引起对方的积极反应，哪些事情不会，因此我们会对以后的行为做出相应的调整（而不是因为疏忽大意造成严重后果了才做出调整）。

与他人在一起时，我们可以从全新的角度去看待我们的伴侣，可以收集到新的信息，而且能推翻我们以往对她的印象，发现他更丰富的内心。如果能持开放和好奇的态度，你就能在对方身上欣喜地发现许多以前未曾发现的方面，而且还有很多未知等着你去探索。

实验探秘

理查德·斯莱特（Richard Slater）是斯坦福大学的一位心理学家，他对夫妻双方如何重塑兴趣和激情进行了研究。他把 60 对互不认识的夫妻进行了分组，每两对夫妻一组，然后在 45 分钟的时间里就提前准备好的卡片上的问题互相提问并回答，这些问题能帮他们增加彼此的亲密感。而其他组的夫妻则进行 45 分钟无聊的闲谈。研究结果非常惊人。

第一，与那些进行无聊谈话的夫妻相比，与对方进行了亲密交谈的夫妻会感到彼此更加亲密。事实上，其中很多人也表示要继续培养与对方的友谊，他们互相交换了电话号码，期待着在实验结束后可以再次相见。而只是闲聊的夫妻们在实验结束后就匆匆忙忙地离开了，他们既不高兴也不烦躁，只是感到在整个谈话过程中都提不起精神。

第二，经历了亲密谈话的夫妻会对自己的婚姻感到更加满意。他们在与另一对夫妻互相分享了彼此的隐私之后，对自己的伴侣感到更加满意。

第三，他们之所以对自己的婚姻感到更满意，是因为体验到了积极情绪，而且发现整个任务都非常新奇有趣，他们“在伴侣身上发现了新东西”。在一个简陋的实验室中，与另一对夫妻进行了仅仅 45 分钟的谈话，他们的婚姻关系就获得了成长（即使是少量的成长）。在实验结束后，他们感觉自己的婚姻和伴侣都更有趣，更令人满意。尽管还不知道这些想法和感觉会持续多久，但是我们毕竟改变了夫妻间长久以来形成的看法，这表明人们可以从全新的角度去看待自己的伴侣。

我在此提到的研究和例子都是有关夫妻关系的，你也可以通过与他人交往的方法来扩展你的其他人际关系。但是要确保你交往的对象一定是一个充满好奇心的探索者，他应该是一个有趣的人，而不是一个使你心情糟糕的人。

有时，我们最熟悉的人，比如恋人、好友或配偶，恰恰是最不适合引导我们尝试新鲜事物或给出建议的人。而如果旁人说出同样的建议，我们往往会聆听，会有动力去从事新的事情。当与某人十分亲密并把他当成自身的扩展或延伸时，我们往往需要另一个公正客观的人来点燃我们的兴趣，这正是能使新奇和兴趣长久保鲜的秘诀之一。

在爱情或婚姻中，有些恋人或夫妻希望得到心理治疗师的帮助。不过你会发现，本章提到的研究结果与人们平时希望从心理治疗师那里得到的帮助是很不相同的。人们往往喜欢确定性，希望得到定论，他们想对伴侣的一举一动都一清二楚，这样可以消除他们的焦虑和不安。如果你只是想与对方待在一起，而觉得相处时干什么都无所谓的话，可以采用这个办法。

但是我认为，大多数人渴望得到的不仅仅是身体上的亲密，也希望彼此之间的关系能充满激情和意义。我们不仅渴望爱情能经久不衰，同时也希望爱情能帮助我们不断获得成长、快乐和幸福，而科学则为我们指明了正确的方向。

第 7 章

用适度的好奇与焦虑激发成长

我们的身体在经历了自然选择之后，除了进行探索和发现，它天生还有另外一个功能——帮我们存活下去。每当遇到新事物，或者对即将发生的事情一无所知时，人们在感到好奇的同时也会感到焦虑。

我们常常发现自己正与自己进行着激战。焦虑系统发出信号，我们的身体紧接着就会为应对危险做好准备，时刻准备着战斗或逃跑。如果能避免危险的发生，那么就不会有人受到伤害了。但同时，任何新事物都可能是一个未被挖掘的宝藏。如果其中真的隐藏着珍宝，我们又怎会不经探索或未曾品尝甘露就轻易走开呢？于是，我们苦苦挣扎于“回避”（寻求安全性）和“探索”（寻求回报）之间而无法自拔。

每个人都曾因担心坏事发生而感到害怕、紧张或担忧。焦虑的强烈程度以及你采取何种措施来应对焦虑，决定了焦虑是有益的还是有害的。因此，学会处理焦虑有利于创造一系列的幸福时刻，获得幸福人生。

我有一个学生名叫克里斯蒂娜，她现在已经当祖母了。有一次，她和我分享了一个故事。我们可以通过这个故事看到焦虑和好奇心两种情绪的交织与碰撞：

有一天，我带着8岁的小孙女布鲁克去玩具店。我们在玩具店里走着，布鲁克对周围的玩具很感兴趣，尤其是一排洋娃娃。她兴高采烈地用手指着每个洋娃娃，嘴里不停地喊着“娃娃”，脸上洋溢着笑容。突然，我们感到身后有什么动静。

转过身时，我看到一对年轻夫妇带着一个小男孩正朝我们走来，小男孩看起来和布鲁克年龄差不多。他们停了下来，布鲁克冲那个男孩露出一个微笑。男孩的父母站在一旁没有动，他们或许觉得这两个小朋友会来一次甜蜜的接触。但是，男孩突然用力向前冲，伸出双臂，重重地推了布鲁克一下。布鲁克向后倒去，跌坐在地板上，头部撞到了购物车。我连忙把号啕大哭的布鲁克扶起来，轻轻抚着她的头部，柔声劝慰着她。

那对夫妇连连道歉，看得出来，他们很害怕。我也听到他们对小男孩说，因为他的表现，今天不会给他买任何玩具。之后他们就离开了，我仍站在那里哄着布鲁克。

不一会儿，这对年轻夫妇又返回来，他们想让儿子亲自道歉。对他们这种教育孩子的做法，我表示非常赞同。他们要男孩保证今后不再欺负布鲁克，并鼓励他向布鲁克道歉。布鲁克停止了哭泣，但是她的小脸蛋上仍然挂着泪珠。

使我深受触动的是，当小男孩返回时，布鲁克不再冲他微笑，也不再充满期待地看着他。他们刚见面时的开放性已经不复存在，布鲁克现在变得小心谨慎，她紧紧地抓着我的手。她给我传达出这样的信息：只要小男孩在场，她就不想再逛下去。

当克里斯蒂娜给我讲述这个故事的时候，我意识到其实所有人都面临着类似的矛盾，尤其当现实与我们寻求回报的天性相冲突时。有时我们充满期待和好奇，但结果却常常令人失望，或者要小心谨慎才行。我们不想体验焦虑或恐惧的情绪，因此会把未来的各种可能性拒之门外。

但是，就算一直感到焦虑，这也不会毁掉你的人生。事实上，焦虑往往使人们做出正确决定，小布鲁克的情况就是如此。不过焦虑的形式可以随着时间的推移而发生变化，这正是我们想深入研究的课题。人们是为了得到最大可能的回报而有计划地去冒险，还是努力把痛苦、错误或失败降到最低程度呢？

如果焦虑战胜了好奇心，从而控制着我们的一举一动，那么我们对未来的计划就会遭到破坏。另外，如果我们感到焦虑，认识到未来的不确定性，并且很乐意参与到感兴趣的事情中，那么我们就会体验到一个完全不一样的人生。本章的主要内容就是有关如何理解并控制好奇心和焦虑。如果能做到的话，你就可以释放出最大的潜能，并保证自己的大部分能量都用于那些能带来满足感和意义的活动上。

利用优势力量和焦虑获得成长

贝丝·科姆斯托克（Beth Comstock）是美国全国广播公司旗下综合媒体公司的总裁，她把自己事业的成功归功于“对新挑战充满激情”。她解释道，如果周围的人都很有才干，而且自己所做的决策动辄涉及数百万美元，会很容易感到焦虑和胆怯。当被问及如何应对这些困难时，她说：“我觉得是好奇心推动着我不断前进。有时我回顾过去，发现自己曾经犹豫不决。即使知道说出自己的想法会有所助益时，我也不敢大胆地说出来。有时我会害怕见到某个陌生人，而事后却因错失掉良机而后悔。如今，我会这样对自己说：‘你不想失去这次机会。勇敢面对吧！’”

正如贝丝一样，充满好奇心的人时刻准备着去体验新事物，不管新体验的感觉如何。并不是说好奇的人就会免受焦虑的困扰，其实他们像所有人一样也会感到焦虑。但是好奇的人们并不会关注焦虑本身，而是能从应对焦虑的过程中有所收获。他们会在好奇心的指导下采取行动，探索任何感兴趣的东西，并且在探索过程中对焦虑情绪以及任何不安情绪都泰然处之。他们不会依赖先前的经验武断地判断感觉、他人或者环境的好坏，他们会亲自进行尝试，乐于进行探索。

通过提高好奇心，我们可以更坦然地处理各种人生变化，应对各种人生困境。比如，小孩子很害怕去医院，他们的理由很充分：医院走廊里有很多患者在痛苦地呻吟或者仍在流血；护士手里拿着长长的针管非常吓人；病房里摆放着各种仪器，有的嘀嘀作响，有的闪烁着亮光，有的看起来相当怪异。澳大利亚的两名研究者提出了一个疑问：如果让孩子们有机会亲自玩一玩各种医疗器械、了解它们的作用，是否可能通过这种方式减少他们对医院的恐惧呢？

实验探秘

研究者的假设非常简单：孩子们在参观医院的时候，如果能对长相吓人的医疗器械产生兴趣并且进行探索，那么他们以后去医院看病的时候就不会太过焦虑。在此次研究中，一些3～5岁的孩子玩了化疗用的玻璃杯、静脉输液袋、没有针头的注射器、采血管等医疗用品，他们还可以提出各种各样的问题，并且能得到认真的回答。有些孩子有过类似的经历，因此会向其他小伙伴们炫耀他们的医学知识："让我们把水从输液袋里弄出来……看，药出来了。"还有的孩子把这些医疗器械用作游戏道具，比如注射器最适合浇花，还可以当成水枪喷射同伴。

研究者发现，好奇程度较高的孩子（即能提出很多问题，更爱摆弄医疗器械的孩子）对医疗器械和治疗过程也会有更多的了解，并能对医生和医院做出更多积极评价。我们应该允许并鼓励孩子们进行探索或玩耍，这样他们对医疗器械和医院的错误观点就会被正确的信息所取代，以后需要去医院看病的时候也就会有正确的态度和良好的表现。

生活中有些方面可能需要改变。比如，我们需要把太争强好胜的人、喜欢压迫他人或使用暴力的人以及恶毒的人从我们的社交生活中清除出去。而有些时候，我们却无法做出任何改变。当我们无法把“接受”和“改变”区分开时，就会变得痛苦不已。

即使当人们备感焦虑时，也要考虑所交往的人、所处的环境以及所做的事情应当都是非常有趣、愉快而且是充满个人价值的。事实上，当感到焦虑时，我们能展现出最佳状态并能发挥出优势力量。

当你苦苦挣扎于令人讨厌的情绪，比如焦虑时，请你想一想其他的选择。史蒂文・海斯（Steven Hayes）博士发明了一种以觉察和接受为基础的心理学疗法，即“接受与承诺疗法”（Acceptance and Commitment Therapy，简称 ACT 疗法），它能帮助人们增加心理的灵活性，使自己的行为更加符合自己内心最深层的价值观。人们还对 ACT 疗法与认知疗法进行了对比研究，结果表明，前者在治疗焦虑、痛苦、烟瘾、糖尿病控制、癌症以及癫痫等方面有着更显著的疗效。无论你是否遭受精神疾病，是否想更好地应对压力和焦虑，你都可以先留意海斯所说的“两大体系”——好奇心体系和焦虑体系。

现在，请回忆一个令你感到焦虑不安的场景，比如在公众面前讲话、参加一个工作面试、与心仪已久的人说话，或是手头极度缺钱的情况。这个场景你一定亲身体验过。每个人都有或多或少感到焦虑的时候。

然后再想一想，当你感到焦虑的时候你最想干什么。你想逃离，还是愣在那里？你想隐藏起来，还是想战胜焦虑？现在你头脑中想着这个场景，看一看下面这个比喻。

把焦虑体系和好奇心体系想象成两个调节钮，就像音响上的音量和平衡这两个调节钮一样。最为人熟悉的是“焦虑调节钮”。理论上来说，它可以在 0 ～ 10

进行调节，但你也许会说："我无法把它调到5以下，当它超过8的时候我也受不了。这种感觉很不舒服，我必须要解决这个问题。"这也许是让你花费最多时间和精力的调节钮。

还有一个十分隐秘、不易被人发现的调节钮，被称为"探索调节钮"。正如焦虑调节钮一样，它也可以在0～10调节。它是两个调节钮中比较重要的一个，因为它是你唯一可控制的调节钮。它与你接受人生体验的开放程度相关。当焦虑调节钮为10时，你会试着把探索调节钮调低，试着消除焦虑；当你再也不想感受刻度盘上显示的焦虑时，你会把探索调节钮调到0。

这是一种非常糟糕的情况。**如果焦虑度很高而探索度很低，那么你就无法改变现状。**一方面，焦虑度不会自己降下来，另一方面，你也无法改变它。你无法仅仅通过告诉自己要冷静而冷静下来。事实上，若有人让你这样做，你只会感到更加焦虑。当你试着让自己放松下来以缓解焦虑情绪时，你也会感到更加焦虑，因为你在想自己为什么不能冷静下来。

你现在已经对焦虑调节钮鼓捣了很长一段时间了，这并不是因为你不够聪明，而是这种做法不但根本行不通，而且会让你很有挫败感。因此，我希望你一方面能牢牢记住焦虑产生的时刻，另一方面能把你的注意力转移到探索调节钮上。你无法随意调节焦虑调节钮，但你可以随意设置探索调节钮。它并不是一种感觉或一种想法，它是一种选择。也许你之前把探索调节钮调到了很低的状态，因为你原先不知道可以对它做出调节，或者压根没有想过这回事，但是你真的可以调节它。

你需要做的就是把它调到较高的状态。现在想象一个令人高度焦虑的场景，虽然焦虑调节钮仍处于较高状态，但是探索调节钮也被你调到了较高的状态。此时你发现了什么？

我能很确定地告诉你真实生活中会发生什么情况。如果你不再试着控制焦虑，它就会降低或者升高。当它很低时，它会继续降低，直到无法再低，然后它会升高；当它很高时，它会继续升高，直到无法再高，然后它会降低。如果你把探索调节钮调高，焦虑度就会变得非常灵活，有时很低，有时又很高。无论何种情况，你都要觉察到你在采取行动时需要以价值观和人生目标为指导。

这就是以觉察为指导的独特的思维模式，这种模式能使人获益匪浅。每个人都或多或少有过类似的经历。焦虑和欲望是密不可分的。当你在价值观的指引下努力实现目标的时候，即使你摒弃焦虑，也无法克服这一过程中出现的所有障碍。不要期待焦虑会自行消失，这永远也不可能。

我们不愿争论，拒绝探索，其中一个原因就是我们很担心自己会犯错误。我们过于关注自己看起来是否像个傻瓜，不停地叮嘱自己千万不要犯错，能量就这样耗费了，我们没有足够的精力去投入地做事情。担忧犯错，妨碍了人们兴趣和创造力的发挥。

实验探秘

埃伦·兰格（Ellen Langer）[①] 做过一个好玩的研究，她邀请哈佛大学的一些学生在公众面前进行无准备演讲，以此来研究开放性和好奇心能否转变人们在公共场合演讲时的焦虑感。研究是如何进行的呢？她要求演讲者改变他们对错误的理解。兰格把学生随机分为三组，分别对应以下三种情景：（1）“犯错很不好”，学生们被告知绝不能犯错；（2）“宽恕”，学生们被告知犯错误可以被原谅，并按照要求故意犯错；（3）“对新奇性持开放心态”，学生们在演讲中可以出现任何错误，并按照要求故意犯错。

① 兰格是积极心理学奠基人之一，想了解其更多研究，欢迎阅读由湛庐策划、浙江人民等出版社出版的“专念”三部曲。——编者注

> 上述三组学生都站在房间的前面给满满一屋子听众进行演讲，他们被告知将会根据他们的表现进行评分。结果如何呢？第三组“对新奇性持开放心态”的学生更加放松，并认为自己的表现优于其他两组学生，而且听众也认为这组学生更加沉着冷静，他们的演讲效果更好而且更富创意，看起来也更加聪明。

在了解到这一点之后，也许我们就不用太过紧张了。孔子说过：“过则勿惮改。”如果我们能给自己犯错的空间，而且勇敢地接受未来的各种可能性，我们就会成为更好的演讲者或谈话对象。

错误与过失之所以会吸引人们，我认为还有一个原因，就是当人犯一些小错的时候，我们会发现他变得更可爱而且更有魅力。此时，他才像一个活生生的真实的人，而不是像一架预先设定好程序的机器。

奇特而出乎意料的事情往往能激起人们的兴趣，让我们从昏昏沉沉的状态中清醒过来，这就是人们情愿花大价钱去听最喜欢的乐队现场演奏的原因。因为在现场可以看到即兴的演出，还有可能获得意想不到的收获。

演讲和对话节目也会发生类似的情况。真实生动、有些小瑕疵而又很有创意的人通常很受人们的喜爱。当人们乐于进行尝试，并且能轻松应对所谓的错误和过失时，他们会从中获得更多乐趣，观众也能收获更多快乐。这就是喜剧演员在节目中犯错并进行自我解嘲时，观众会兴奋地大喊大叫的原因。一些电视节目之所以受观众喜爱，原因之一就是观众总会在节目中遇到惊喜，节目与观众之间形成了一种真诚的互动关系，这种关系牢牢吸引着观众。

当焦虑与好奇心之间的平衡被打破时，人们对定论和确定性的需求就会大大增加，这会影响人们的自我认知（身份），以及与他人的关系（社会角色）。

当我们缺乏安全感、担心不被群体所接受、害怕犯错误时，我们的身份就会被简化。

我们也许有不同的身份，比如母亲、家庭主妇、拉丁人或退伍军人。我们也许具有不同的特征，比如含蓄拘谨、关心他人或者责任心强。很多人在处理相互冲突的多重身份时常常感到非常头疼，比如协调工作和家庭之间的矛盾。只有从不同角度看待我们的多重身份，并且协调好它们之间的关系，才能找到更有意义地运用我们的时间和精力的方式。

寻求安全感也许会在短时间内减少焦虑和痛苦，但是，在试着追求真正感兴趣的事物之前，人们不一定要先结束不愉快的经历。只要我们能用坦然接纳的态度对待未来的人生，把困难的想法、感觉和记忆都当成实现重要目标的旅程中必不可少的部分，就可以勇敢地开始追求自己的人生。

让我们再看一看之前提及的阿伦对情侣们进行的研究，在其中一项研究中，他想知道两个人共同参加某个新奇活动是否有利于他们应对消极情绪。你也许还记得，夫妻两人需要带着一个泡沫圆柱体从健身房的一端走到另一端，而且整个过程中他们绝不能使用双手。在任务完成之前和之后他们都进行了带有情感色彩的谈话——比如一起计划如何度假，或者如何用 15 000 美元来翻新房子。他们在谈话过程中产生了一些消极情绪，但是在这项有趣的任务完成之后进行的谈话中，情侣们在交谈中的敌意和仇视情绪都大大减少。而且当消极情绪出现时，那些处于好奇状态的情侣们非但没有竖起一堵心理围墙，反而能坦然面对并且积极应对。

研究表明，**在亲密的人际关系中，拥有好奇心的人更容易成为好朋友或好伙伴**。对过去发生的事情或者将来有可能发生的事情，他们并不会感到太过焦虑或害怕，因为他们把那些事情当成尚未揭开的谜团。当他们不知道事物将要如何发展时，也不会太过焦虑或害怕。即使没有人能给出什么保证，他们也乐意信任同伴，而同伴会感觉自己受到了对方的尊重。

当人们渴望获得确定性时，他们就很难应对焦虑，因为他们无法完全信任别人。他们以非黑即白的绝对态度对待人际关系中的同伴：某人要么值得绝对信赖，要么就是一个卑鄙的家伙。这种持极端态度的人确实很难相处。与此类似的是，他们偏爱极其简单或极其困难的任务，因为从事这种任务时不会有不确定感，结果要么成功，要么失败。可是他们错过了两种极端任务之间的中间地带，而恰恰就是这一中间地带才能给人带来成长和各种可能性。

当普通的焦虑感变成大问题时

当焦虑感越来越严重、出现得越来越频繁时，它就会成为一个严重的问题。有时潜在的危险会危及我们的健康和生命，比如，当我们在荒原中徒步旅行时，差点儿踩到一条盘作一团的响尾蛇。有时，我们的危险监测系统也不一定准确，就像淋浴时的水汽会让太过敏感的烟雾警报器铃声大作一样，其实此时房子里并没有火灾的危险。如果舒舒服服地洗个澡是一天中最快乐的享受，那为什么要放弃它呢？安装一个能区分水汽和烟雾的警报器是件非常容易的事情。

当一切都平安顺利时，如果你仍要监测危险，就会带来一些后果。例如患有恐慌症的人会担心焦虑的发作。当他们感到身体上有一些不适，比如呼吸短促或心跳加速时，他们会因担心而焦虑不安，会害怕心脏病随时发作。不幸的是，任何形式的正常活动都会令人心跳加快或者影响呼吸，比如在跑步机上慢跑，或者吃抹着辣酱的玉米煎饼。

担忧是人们在预料某件坏事会发生时所产生的情绪。人们担心犯错误，或者担心受到他人的负面评价。人们在担忧的时候心里会不停地嘀咕，此时思维和情感都处于纠结的状态。因此，我们需要把正常的担忧和非正常的担忧区别开来。

正常的担忧是一种非常有效的问题解决策略。比如，我在凌晨 3 点钟步行回家，如果此时我很担心遭到抢劫的话，就会处于高度警惕的状态，会检查钱包是不是藏好了，会选择在光线明亮的地方走。

但是有时担忧却丝毫不起作用。同样是凌晨 3 点步行回家，我很担心遭到抢劫、绑架甚至是性侵犯，于是我开始不停地吓唬自己，开始忧虑不安。可担心这、担心那到底有什么意义呢？我的担忧意味着危险是真实存在的，还是表明我的精神有问题？我一直在担心各种恐怖事情的发生，甚至没有机会来劝说自己这其实是杞人忧天，也无法发现我的行程其实非常安全。反而，我会觉得自己能安全到家只是因为运气好。而问题在于，当我下次独自步行回家时，会更加害怕，甚至会决定不再单独步行回家，而这种回避的态度会大大缩减我生活中的安全感。

焦虑并不是一个严重的问题，但是当我们做了大量努力去控制焦虑感，努力避免令人焦虑的事情发生时，焦虑就变成了一个严重的问题。比如，你想请病假不去上班，因为你昨天在单位休息室里不小心放了个响屁引得同事们哈哈大笑，请假可以避免尴尬。如果是普通的一天倒也罢了，可是如果今天你要签一份合同或需要做一个重要的报告，你该怎么办呢？如果你每天都这样过分敏感而且采取逃避的态度，当你的担忧慢慢影响到你与同事的关系时，那又该怎么办呢？你不再勇敢地接受人生——包括人生中的错误和尴尬，而是把真实的自己隐藏起来，苦苦挣扎于各种情感和自我意识之中无法自拔。由此可见，如果人们为了改变、控制或避免焦虑而付出过多的精力和时间，就会面临一个意想不到的后果——普通的焦虑会转变成严重的问题。

焦虑会消耗能量

焦虑会消耗掉我们可支配的有限脑力。如果我们过于担忧，就没有足够的精力处理其他事务。

想象一下，你正开车去上班，但是快要迟到了，为了准时到达单位，你把车开得飞快。你可能会感到焦虑，也许在担心老板会对你大发雷霆，或者在苦恼自己为什么因为这点小事而焦急不已，为什么不能消除这些焦虑的想法和感觉。而焦虑所产生的后果就是你无法集中注意力（你很可能会错过公路出口的标志，或者因没有及时踩刹车而发生交通事故）。过于焦虑会消耗掉充满好奇心的探索者所必需的能量。

身体紧张和心理紧张结果不同

运动心理学家已经仔细研究了焦虑对运动员如何起到帮助或阻碍作用。迪特马尔・克莱恩（Dietmar kleine）对 50 项研究进行了分析，这 50 项研究共包含 3 589 名运动员（其中既有业余保龄球运动员，也有高中和大学校队的运动员，还有优秀的职业运动员）。他发现身体的紧张和兴奋并不会对运动员的表现产生实质性的影响。问题在于焦虑。如果运动员非常担心自己的成绩并且试图控制自己的焦虑感，他们就无法表现出最佳状态。我觉得这一问题的出现是因为竞技比赛要求运动员行动迅速，同时，他们的注意力也需要高度集中。

出色的运动员与糟糕的运动员之间存在着一个差异，即他们静止时大脑的活动程度很不一样。糟糕的运动员大脑活动极其活跃。这听起来是件好事，不过仔细考虑之后你就会发现，如果有多余的大脑空间的话，他们就能更好地辨别赛场或赛道上的各种情况，从而能表现出更好的水平。我们需要大脑有足够的空间来关注当前的情况，因为没有哪两次比赛是一模一样的。我们的身体会依据足球场上的降雨情况、早餐吃的什么或者跑步前的伸展活动，而做出与以往略有不同的表现。但是那些过于忧虑的运动员不仅会表现糟糕，而且因为焦虑耗费了很多精力，因此没有足够的精力去提起兴趣或者获得乐趣。他们无论如何都无法从中受益，因此也就失去了比赛的所有动力。

这种情况不仅局限于运动员，也适用于从事其他工作的人员。当人们过于担忧时，他们的思维就会缺乏灵活性，也更难应对思维、行为和任务中出现的各种变化。一位焦虑的徒步旅行者很少注意到优美的风景，也很难完全沉浸于美景之中。

精力透支危害大

人们为了控制焦虑而付出不懈的努力，这会耗尽精神资源和身体资源，导致无法全力以赴地应对新出现的挑战。

假如你的老板告诉你快下班的时候有项重要的任务要交给你，你现在也许就琢磨起这项任务了，你已经开始准备迎接最坏的结果，并不时地看看时间。你也许充满担忧，因为通常下班后你会直接回家照看孩子，以便能让妻子休息一下。所有这些控制焦虑的努力会带来一个结果：当你回家时，已经没有足够的精力陪孩子们玩耍了。如果你一直与忧虑做斗争，那么当孩子们想让你抱抱时，你将会感到体力不支。你的脑力也会被透支，当孩子们想让你辅导家庭作业时，你会感到精神不济。

精力的透支是非常有害的。当我们感到十分焦虑或激动时，注意力就会更加集中，我们会全神贯注地避免焦虑或控制焦虑，反而会脱离当下这一刻，也会越来越偏离人生目标。

许多实验研究都表明，**如果人们忙于紧张的自我控制，比如向公众做演讲时努力避免让自己看起来很紧张，那么在接下来的任务中表现一定欠佳**。在研究中，他们的智力测试分数会更低，双手握力更差，而且双手在冷水中坚持的时间也更短。他们对垃圾食品更难以拒绝，购物时也难以抗拒消费的冲动。这些都是因为担忧使我们饱受压力，在心理上和身体上都变得更加虚弱。这一研究对每个人来说都很有意义，因为我们每个人都有过类似的体验，只是发生的方式或强度不同。

过于焦虑会带来混乱和停滞

研究表明，**过于焦虑的人、试图避免焦虑的人，还有因焦虑而过于紧张的人，与其他人相比，他们的表现会更加糟糕**。如果人们害怕焦虑，他们就无法充分利用好奇心。如果人们在幼年时就受到忧虑的侵扰，那么焦虑会使他们在发展的关键时期错失许多机遇。

我朋友 16 岁的女儿索尼娅患有阅读障碍，她需要花费大量精力去理解从环境中搜集到的各种信息。对同龄人来说不费吹灰之力就能完成的日常任务也会使她筋疲力尽。索尼娅疲于应付日常生活中的琐事，因此上课、聊天或者看电影等活动经常会突然中断。一天下来，她被各种声音、颜色和形形色色的人弄得不知所措。因此，她常把自己封闭起来以减少外界的刺激，并试图把一天中积累的压力释放出来。阅读障碍使她更易被压垮，更易感到手足无措。

然而，她的情况意味着解决压力和焦虑往往要优先于体会到兴趣或满足感。为了解决这些困难，她仔细地控制周围环境以便能提前预防焦虑，比如，她会提前对谈话内容进行排练，因为她的大脑无法应对压力重重的突发情况。她希望对周围环境进行严格的控制，然而，这极大地限制了她的人生热情以及战胜阅读障碍的能力。幸运的是，在父母和特殊学校的帮助下，她原本对维持平衡的过度关注现在渐渐缓和了下来，她的学习、生活和朋友圈也开始慢慢扩展。

索尼娅遭受的是阅读障碍的折磨，遭受严重焦虑折磨的人与她有类似的特征。大约 16% 的美国人被诊断出在人生的不同时期患有不同程度的焦虑症，由此可见，焦虑症是人群中最为普遍的心理障碍。焦虑症患者会竭力控制焦虑，但却以无法实现更重要、更愉快而且更有意义的人生目标作为代价。他们做出的决定都是为了避免和消除焦虑感，因此他们的人生呈现出一种自我封闭且精疲力竭的状态。

在各种不同的焦虑症当中，社交焦虑症对人们的幸福感危害最大。试想一下，与他人相处本应是人生中最有意义、最令人向往的事情，但它却成为人们的恐惧之源。当人们把自己封闭起来时，虽然可以免受焦虑的痛苦，但却失去了好奇心、激情和意义之源。而这些未被满足的欲望会持续下去，有时甚至能持续几十年的时间，让那些患有社交焦虑症的人悔不当初。

我有很多客户就正在遭受社交焦虑症的折磨。其中有一个小伙子，他是一支顶级大学橄榄球队的队员。他长相英俊、气质温文尔雅、性情和善，却患有严重的社交焦虑症，这在高大威猛的橄榄球队员身上十分少见。他打球的唯一原因就是他打得太好了。他周围有很多追随者，他们能替他挡下任何人的指责（因此他从来不用自己去争论），能替他考试（因此他从来不用担心应付考试的压力），还为他介绍他喜欢的那类女孩（因此他从来不用学习约会的技巧），追随者们能确保他永远都不缺任何东西。

大学毕业后，追随者们纷纷离他而去，此时，他开始受到社交焦虑症的折磨。他唯一想做的工作就是给贫民区的孩子们担任教练，但总是担心别人对他的看法，他也从来不在教师休息室里与同事开玩笑，还很害怕校长和学生们，最终因为总是担心别人对他评头论足而辞掉了工作。之后，他在搬家公司找了一份很不喜欢的工作。后来，他看到了我们关于社交焦虑症的研究招募志愿者的广告，便鼓足勇气来报名参加了这项研究。这对他来说是一次良机，因为大多数社交焦虑症患者都不会寻求治疗，因为他们害怕受到他人的拒绝，也担心寻求治疗会受到别人的非议。

在患病的初期阶段，社交焦虑症的典型患者极其担心遭到他人的拒绝。在年少时期，他们就与众不同：他们不参加派对，不谈恋爱，不喜欢体育运动，也不参加任何俱乐部。他们周末喜欢待在家里，不是因为他们想这样，而是因为担心自己在同伴中间会像个傻瓜一样毫无乐趣，他们也不知道该说什么，就是觉得自己一点儿也不讨人喜欢。社交恐惧使他们孤立自己，他们感到极其孤独。最糟糕的后果是，他们没能做好应对成人世界的准备。当别人忙于锻炼社交技巧，比如如何进行良好的沟通或者如何变得诙谐幽默时，他们却错过了练习的大好机会。

焦虑并不总是体现在表面。我的很多客户看起来都非常成功，其中有些是事业有成的工程师或会计师，有着6位数的年收入和幸福美满的家庭。但是揭开表层的面纱，你会发现他们所遭受的焦虑其实已经严重干扰了他们的正常生活。他们也许会降低自己的目标，减少自己的渴求，并且避免令他们感到不安的事情发生。随着时间的推移，他们的人生变得越来越没有意义，越来越不令人满意，他们的梦想不得不一再延期。

焦虑是一样的，不一样的是态度

尽管人们有可能认为，好奇心程度较高的人焦虑程度低，不过我的研究却得出一个不同的结论：好奇心程度高的人并不是不担心他人的评价和批评。他们与好奇心程度较低的人一样，也有同样的焦虑，但是两者之间的差异在于，他们会把自己的情感当成再普通不过的东西，无论是感到焦虑还是快乐，他们都不会回避自己的情感，对痛苦和不幸也能表现出相当的容忍。

心理上的灵活性是对待人生的一种健康方式，如果能做到这一点，人们就可以产生强烈的好奇心并会探索这个世界。在从事危险活动时，人们会仔细考虑逃避是不是最可行的选择。不幸的是，对受到焦虑症问题困扰的人来说，逃避是他们对新奇事物、有挑战性或不确定性的事物所做出的默认反应。在大多数情况下，当社交焦虑问题出现时，焦虑调节钮所指的刻度是满格，而探索调节钮则被人们完全忽略。

久而久之，未被满足的欲望和回报会越积越多，最终引起严重的心理问题，比如悔恨和绝望。通过对人们的回顾性描述进行研究，可以发现：**人们因未采取行动而感受到的痛苦要远远大于因冒险采取行动却失败而感受到的痛苦，而且前**

者的持续时间更长。当我们徘徊于冒险还是退却的十字路口时，这一研究发现能带来一些启迪。

如果不能按照好奇心行事，我们就无法享受它带来的益处。担忧往往会阻止人们对新鲜事物的渴求。作为一名心理治疗师和科学家，我发现那些无法按照好奇心行事的人往往会错失许多新发现、成就和梦想，他们所付出的代价是无法估量的。

当你担心会失败时，你就不愿去冒险。而没有冒险，医生就不会发现治病的良药，艺术家就不会向世人呈现出优秀的作品。

焦虑的最佳程度，是略微紧张

如果想让焦虑对我们起到积极作用，首先就需要关注我们的自我意识。如果焦虑或挑战过少，人们会感到无聊或毫无兴趣。因此适量的焦虑是最好的，它可以使我们有效地利用精力和注意力，并以更高效的方式最大限度地发掘自身的潜能。

安迪是一名急诊医生，我曾问过他焦虑在他的工作中起到什么样的作用。当安迪不感到焦虑时，他做一些平常的手术丝毫没有问题，比如取肾结石这样的手术。他就像处于“自动驾驶”状态一样，能与护士们开开玩笑，跟着医院里播放的背景音乐哼唱几句，而且在工作中的表现也很不错，但是，这种心态也有不利的一面：没有焦虑感，他也就没有动力表现出自己最佳的一面。他在工作时只是依赖于专业技能而没有任何紧迫感，他的注意力有时会分散，即使某个地方出了差错，他也有可能不会注意到。但是当安迪太过焦虑时，他会极力避免让自己犯错，以致没有足够的精力去关注手术。因此，最理想的焦虑是处于一种中间状态——不太低也不太高。

最理想的状态就是适当的焦虑，使人感到略微紧张。少量的焦虑能激励人们，使人们把注意力集中到手头的工作上，并会全力以赴地努力工作，对某些特殊时刻也非常机警。最理想的焦虑既有利于避免错误的发生，也能帮助人们寻找进一步改善的机会。

如果想达到最理想的焦虑水平以激发好奇心，想全身心投入并获得乐趣，这就要取决于我们如何看待自身当前所处的情况。如果我们能把某项活动看作是新奇的、富有挑战性或者充满神秘感的，那么几乎所有的工作都能充满乐趣。

其实新奇事物并不一定能引起好奇心。比如，你没有敲门就走进老板的办公室，却发现他正光着上身坐在桌子旁打字。你吓了一跳，心想："该死，怎么会这样？"显然你被这个新鲜场景给惊呆了。你也许会一笑而过，心想他是不是工作中出了什么事；或者你会感觉受到了冒犯，非常反感这种行为。不同的人会有不同的反应，平心而论，有些人即使处于新奇、神秘或出人意料的场景中，也不会有太大好奇心。

到底什么才能引起好奇心和焦虑的紧张情绪呢？事物的新奇性和吸引力显然还远远不够，还需要两个因素来起作用——新奇潜力（Novelty Potential）和应对潜力（Coping Potential）。新奇潜力，即判断某事是否新颖、有挑战性、出乎意料、复杂多变、令人惊异、神秘莫测或有吸引力，这意味着我们能从中发现学习和成长的机会。应对潜力，即判断你是否有技巧和能力处理或理解所面临的新奇性。

理解了这两个概念，你就能明白为什么有些员工不小心看到老板光着上身会感到焦虑和反感（因为他们新奇性高，而应对能力低），而有些员工则会感到好奇和好玩（因为他们新奇性高，应对能力也高）。注意，你只是在对某事做出判断——人的反应并无好坏之分，那仅仅代表你的所想、所感。

我们所有人都有过这样的经历：当任务十分艰难、令人头疼时，它就再也没有什么乐趣或快乐可言。比如，你某天闲来无事，于是跟朋友们一起去参观美术馆。如果你和我一样对艺术欣赏只是一知半解，你就不会花很多时间去研究绘画和雕塑作品，更不会像专家那样仔细观察这些作品的细节。当某件艺术作品晦涩难懂时，我们这些门外汉就会对它失去兴趣。我们很轻易地就会选择去看其他作品，或者会变得心不在焉，因此我们的挫败感不会持续太长时间。逃避是件非常容易的事情。很少有人在空闲时间参观艺术展览、听音乐或看书时会感到过度的沮丧和焦虑。人们会设法让自己付出的努力获得收益。即使没有什么收获，这也不值得人们产生什么不安的情绪，大不了放弃原先的计划，转而寻求更有趣、更快乐的事情。

有趣的是，当复杂难懂的艺术作品被赋予某个标题时，对参观的普通人来说，艺术作品会变得更有吸引力。标题为人们去接近艺术家原本难以理解的思想打开了一扇门，艺术作品的难度也略有降低，因此会变得更有意义。同时，我们原本极高的焦虑感也会降低一些，达到适量的程度。不过，如果你对艺术十分精通，比如你常常阅读艺术类的杂志，并且经常飞到世界各地参观博物馆，你欣赏艺术品的时候就无须依赖标题。你会很享受接受挑战，因为当你是一名专业人士时，你会有相当高的应对潜力，需要更高难度的挑战才能感受到略微紧张（平时你总是因为焦虑太少而感到痛苦）。

艺术、音乐、体育、谈话、美食，无论什么，如果你把某事看作是新鲜而且富有挑战性的事物，与那些不会让你感到焦虑的情况相比，你会对它更加投入，并且能感受到更多的喜悦和快乐。当进入某个新领域时，如果我们对理解这个领域或者是做好手头的工作没有信心，那么沮丧和焦虑就会占主导地位，而且我们最初获得的兴趣和激情也将烟消云散。如果在面临挑战时能最大限度地发挥自己的技能、利用所学的知识，我们就能体会到强烈的好奇心。可是，如果为了避免焦虑而回避挑战，我们就会变得脆弱而不堪一击，并且也常常缺乏好奇心。

高新奇性、高应对能力、高兴奋度让你更易成功

当我们的应对潜力与某件事的新奇性相符合时，我们就能与焦虑感相处融洽。此外，我们的能力会在不同的情况中获得不同的成长，会为下一次面临充满不确定和挑战性的情况积累信心和能力。

你可以在艾米身上看到这种变化，她一直面临着一种被称为“联觉”的情况。联觉是指人们在受到刺激时能产生一些通常情况下毫不相关的反应，比如听到颜色、看到味道，甚至闻到字母和数字的味道。

> 我 5 岁的时候，发现妈妈竟然不知道红色的声音是什么样子，觉得惊讶极了。而我 17 岁的时候，觉得自己疯了。我以前常常使用联觉，会说些“哇，那个人是蓝色的”之类的话，然后我的朋友们就让我闭上嘴巴，于是我知道了人们并不会用颜色来描述一个人。我以前总是因为这种事感到尴尬。现在只有当我相信人们不会把我当成异类时，我才会用联觉。因为我有过一些经历，当我向人们说起联觉这事时，他们会对我冷嘲热讽。当别人说你是个骗子时，你会感到很受伤，也会慢慢变得与人疏远。

外界的刺激对艾米来说负荷过大，因此她一直默默忍受着痛苦。比如在艾米小的时候，洗澡对她来说是一件最痛苦的事。现在她已经成年，可是每当她精神状态不佳的时候，洗澡仍然会引起她的焦虑：早上醒来睡眼蒙眬，洗澡水冲击着身体，热气扑面而来，手中拿着香皂——这一切都让她深陷于各种颜色、声音、图像之中难以自控。这种情况就像给静脉注入了咖啡一样冲击着她的神经。

后来，她向一位朋友敞开了心扉，并问他当音乐响起时他能看到什么、听到什么。她意识到自己的大脑给她提供了一块要比常人更加有趣的调色板。外界的信息在她脑中会产生各种各样的图像。在她看来，声音是五颜六色的，而颜色是有声音和气味的。“好看的”色彩听起来就像孩子咯咯的笑声那样悦耳动听，而

"难看的"色彩听起来就像一个糟糕的乐团在演出前的调音过程一样难听、像初学者拉小提琴那样刺耳。听着工具乐队（Tool，一支出色的金属乐队，至少艾米是这样认为的）的音乐，她能看到橙色和青绿色的波浪快速地形成漩涡，就像一座螺旋上升的楼梯一样。意识到自己的独特之处能让她以全新的态度对待人生，她开始把探索调节钮调到最大值。

当她停止挣扎、仔细观察自己的人生经历时，她发现了许多以前从未觉察到的或者一直被低估了的意义。我想大多数人都有过同样的体验。我们可以用充满觉察和自我同情的思维方式重新看待人生中的各个时刻，去发现事物的新奇方面，并锻炼自己拥抱新奇事物的能力。

如果想实现焦虑、成长潜力和个人能力三者和谐共存的状态，我们就需要知道哪些事物对我们来说是有趣而富有挑战性的，也需要发现哪些情况能带来既紧张又兴奋的震颤感。

我与一位同事一起对大约 500 名来自中国香港地区的青少年进行了研究，目的是要发现好奇心程度较高的孩子在与学校"协调一致"或"充满矛盾"时，分别会做出什么样的表现。我们发现，当好奇心程度较高的孩子相信学校能鼓励学生获得知识时，即当新奇潜力和应对潜力都很高的情况下，他们在学校里会有突出的表现，比如他们的课堂表现非常优秀，而且也能在考试中获得优异成绩。

当好奇心程度较高的孩子被寄予厚望时，他们有可能会感到焦虑，但是也会更加投入，在学校里的表现会更加出色，而且与老师的关系也更融洽。与好奇心程度较低的孩子相比，他们能取得更多成就。他们需要新奇程度较高的环境，这样才能达到最理想的焦虑状态，否则就无法提起兴趣。另外，当他们觉得学校无法带来智力方面的挑战时，他们的表现甚至比好奇心程度较低的孩子的表现还要糟糕。他们不想去上课，因为他们无须刻苦学习以获得优异的考试成绩。他们的优势力量没能得到充分利用，因此在精神上他们就主动放弃了。

我们既需要参加感兴趣的课程，也需要参加令人备感焦虑的课程。好奇心程度较高的学生在课堂上提出的问题是好奇心程度较低的同伴所提问题的 3 倍，但是如果他们的老师非常严厉苛刻，这两种学生就都会变得沉默不语。这种情况会逐渐消耗他们的精力，以致他们没有足够的精力去应付家庭作业、课余活动和社会交往等。

我想这一情况也出现在工作场所中。如果你没有安全感，如果你的价值观里缺乏尊重和兴趣这两项内容，你对人对事就会漠不关心，甚至轻言放弃，而你的糟糕表现也会影响到周围的人。

如果你想发挥你的优势，使幸福感最大化，就需要密切关注事物的新奇性，寻找机会以控制或应对不断出现的各种挑战。你需要发现自己的优势力量，为它们命名。当我们给这些优势力量赋予名称时，它们就会得到强化。当我们能自主地运用这些优点时，会更加投入，而且表现得更加出色。但是当我们感觉自己受到条条框框的束缚时，会很容易逆反。比如，如果学校只关心如何提高学生的考试分数而不顾学生是否真正学到知识，这种做法就会极大地压抑学生天生的好奇心，学生也会因此变得漫不经心，且表现欠佳。

应对焦虑的策略

焦虑是件坏事，非常有害，必须设法消除，这是一个根深蒂固的观点。致力于消除焦虑的治疗方法并不可信。你可以采用一些科学的技巧来更好地应对焦虑，防止自己因过于担忧而陷入痛苦的挣扎或者因为过于焦虑而备受折磨。

策略 1：流沙生存指南

我们在前面讨论过，你应当把探索调节钮调高，使你的行为越来越符合自己的价值观，而不应该为了控制焦虑而付出徒劳的努力。因此，我的目标是对焦虑进行疏导，而不是一味地去消除它。我想在此借用心理学家斯蒂芬·海斯（Steven Hayes）著作中的一个比喻，也就是他所指的“流沙”。为什么我要用这样的比喻呢？如果对这个比喻进行仔细的分析，我们就可以改变自己的视角，从而能用新的策略去解决旧的问题。

假设你恰巧发现有人正站在流沙当中，但是你没有任何绳子或树枝可以用，你唯一能做的就是跟他说说话。他一边高声喊着“救命啊，快把我拉出去”，一边就像人们面对恐惧时通常的反应那样拼命地往外爬。通常，人们掉入荆棘丛或泥坑中的第一反应就是马上爬出来。在大多数情况下，摆脱困境的有效办法就是行动：走、跑、跨、跳、跃。

但流沙就不同了。为了从困境中走出来，人们通常需要抬起脚，一步一步向前移。但在流沙中，这种方法却很危险，因为一旦人们抬起一只脚，他的整个重量就全都压在另一只脚上，受力面积变为原先的一半，也就意味着向下的压力立刻变成原来的 2 倍。而且当你抬脚时，周围的沙子形成阻力，会增大另一只脚向下的压力。最终只有一个结果：这个人会在流沙里越陷越深。

当你看到那个人陷在流沙中挣扎着要走出来时，怎样才能帮助他呢？如果你懂得流沙的原理，你会告诉他要停止挣扎，试着平躺下来，舒展四肢以增加与沙子的接触面积。如果保持这个姿势，他就有可能不会陷下去，而且还有可能像滚木头一样从流沙里滚出来。

对陷在流沙里的那个人来说，这个方法是有违本能的。那些陷在泥潭中的人也没有意识到，其实更理智、更安全的方法就是避免拼死挣扎，与泥潭妥协。

如果你像大多数人一样，也常常陷入焦虑的流沙中，也会拼尽全力寻找解决办法，此时你同样忽略了一个问题，就是适当的焦虑其实能够提高激情并且带来最佳表现。

如果你想了解陷在流沙中到底是什么感觉，可以找一个安静没有人的地方做做下面的练习。

好的，接下来请你千万不要想某个东西。准备好，开始。你要记住，不要想它。不要想……热乎乎的巧克力蛋糕。你知道蛋糕刚出炉的时候散发的香味吧，不要想它！蛋糕的表面裹着一层诱人的巧克力糖衣，不要想它！你可以想任何你想要的东西，就是不能想蛋糕。闭上双眼，一分钟的时间，做什么都可以，就是不能想那个热乎乎的裹着糖衣的蛋糕。

刚才你有没有想蛋糕？让大脑去想别的东西究竟有多难？如果你和大多数人一样，那么你必定会想到蛋糕。这是因为我把一个想法灌输到你的脑中，然后又请求你把它忽略掉，这也正是人们试图逃避或压抑某些想法、感情或意象时所面临的极具讽刺意味的矛盾。你越是试着不去想某事，这事却离你越近。比如，我们规定自己："我不要再想那封邮件，因为哥哥在邮件里把我称作蠢货。"可是每次你试着不去回忆那封邮件，你都被迫把自己的规定又温习了一遍，而这又会使你回想起那件事情。

我曾经在位于南卡罗来纳州查尔斯顿市的退伍军人管理医院工作过一年，职责是对有战争创伤的退伍军人进行治疗。这些军人经历了残酷的战争，他们曾冒着枪林弹雨帮助受伤的战友，也曾目睹平民和无辜孩子们的尸体。他们退伍之后仍然无法摆脱这些回忆，而且越是努力忘记，这些记忆就越是清晰生动，严重干扰了他们的日常活动。他们无法入睡，无法倾听孩子讲述学校里的经历。如果你曾经因为某些事情让你感到非常不安而试图避免想起它们，或曾经试图逃避（通过药物、工作、运动或收藏等方式），那就说明你与这些退伍军人有着相同的问题。你该怎么办呢？为了能开始改变，我想请你认真考虑下面这个比喻，它能使你以全新的方式对待你不希望发生的个人经历。

想象一下，你此时正在游泳池里，双手捧着一个充满了气的皮球。这个球代表了你不喜欢的想法或情感。你该怎么办？你非常努力地把它按到水下面，这样你就不会再看到它了。可是要把一个充满气体的球放在水下可不是件容易的事。如果你不付出所有的精力和注意力，它就会浮出水面。不过只要你付出的精力足够多，并且时刻保持关注，你就可以让皮球在水下面待上很长一段时间。但你不可能总是独占着游泳池。突然，你用眼角的余光瞥到几个漂亮的比基尼女郎（或者是拥有6块腹肌的帅哥），她们身材火辣，一边朝游泳池走来，一边冲你微笑，你会有何反应？你会忘记正在做的事情，皮球会从水下猛地反弹上来，这可是你一直试图避免发生的情况，于是，你再一次把球按到水下面。你收起目光，不再看向那群美女，也不能跟她们搭讪，因为你需要把球按住。突然，一位美女跳下游泳池游过来跟你聊天。现在你很纠结，也感到非常不安。你不仅因为要把皮球按在水下而感到紧张和疲惫，同时也因为与人交往而感到紧张。

如何解决这个问题呢？仔细看看那个皮球，让它浮在水面上，去触碰它、盯着它、闻闻它的气味，甚至尝尝它的味道，就这样尽可能地一直持续下去。你第二天来泳池的时候，接着重复同样的事情。无论皮球是你带来的，还是它自己突然出现的，都没有关系；你只要看到它，就试着去关注它。我并不是说你需要牢牢地盯着它看，而是希望你关注细节，比如观察它的颜色，感受它的外表哪些地方光滑、哪些地方粗糙，还可以把它拿在手中，观察一下当它离你双眼很近的时候是什么样子，而远观时又是什么样子。

如果你每天都能重复这些，会出现什么结果呢？你会不再感到焦虑，而是感到厌倦。具体该怎么办呢？你需要盯着球看，每次一个小时，每天好几次，就这样持续几个月的时间，你的目标就是：让自己厌倦，彻底地厌倦。你会得到什么结果呢？代表你想法的皮球依然存在，它仍然存在于你的大脑中，但是它不再像以前那样折磨你。你再也无须遮遮掩掩，或者对它视而不见。你会完全地接受它，不管好的方面和坏的方面，你会感到无比的自由，再也不用迫不及待地想把它按到水下面。看到它，就像看到其他任何想法或经历一样。你将可以自由自在地在泳池里游泳，享受水对肌肤的抚摸，还可以跟喜欢的人聊天，去做你感兴趣的事情。

这种思维方式并不是要减少人们的焦虑感。它的目标是让你打起精神，振作起来，使你的行为模式越来越符合你的价值观。你可以带着紧张感继续前行，选择一条能实现人生意义的道路。

策略 2：消除讨厌和恐惧的想法

哪些因素能引起好奇心呢？我们可能会想到新奇性、挑战、不确定性等因素，但是由于我们觉得自己没有能力去应对或理解它们，我们会变得太过焦虑，希望离开当前的情况使自己平静下来。结果我们有可能找到一份大材小用的工作，或者找了一个丝毫提不起我们兴趣的恋人，或者因为我们担心犯傻、不愿意尝试新鲜事物而总是感到无聊。难道你不觉得你也面临同样的问题吗？其实我们可以控制和理解的新奇性和挑战要远远超出我们的想象。在大多数情况下，让我们感到无聊或焦虑的恰恰是那些我们接受的想法。

应对焦虑时非常关键的一点就是发现语言的力量。可问题是我们常常觉得自己的想法是不容置疑的真理。比如朋友邀请你一起去密林小路骑山地车，可你从来没有去过，于是你大脑中会冒出“朋友们会嘲笑我”“我不行”之类的想法。当你陷于这种想法无法自拔时，就出现了心理学家称为“思维融合”（fusion with thoughts）的现象。它是指人们把自己的想法当成了事实（我不会做这件事），而不是把真实发生的事情当成事实（我认为自己不会做这件事）。它使人们几乎无法活在当下，也无法遵从自己的兴趣和价值观行事。

很多时候，人们并没有意识到自己是依据自己的思维在构建这个世界。人们认为自己的思想是对自身和这个世界的准确反映。可是当焦虑的想法迫使我们与他人以及周围的事物疏远而不是靠拢时，问题就会出现。这些想法会给人们带来原本没有的压力和负担。

如果想要改变我们对待自己想法的方式，请拿出一分钟的时间尝试一下如何消除令你不安的想法。

我想请你想象一下牛奶，就是想一下“牛奶”这两个字，别的什么也不要想。当你大声地说出“牛奶”两个字时，你脑中会想到什么？

不要强迫自己，一定要顺其自然。也许你会想到乳白色的液体倒入麦片里，也许你会想到喝完一杯牛奶之后嘴唇上留下的一道白色的印记。你是否已经有了一个清晰的意象？好的。现在我想请你做一件有点儿奇特的事情。很快就能做完，请耐心一些，你需要遵从下面的指令。

我想请你看着一块表，在接下来的一分钟里，你需要不停地重复“牛奶”这个词，语速不能快于你平常说话的速度。当下一分钟开始的时候，就开始说。准备好了吗？开始。

会出现什么结果呢？这个词语是不是开始失去它的意义？它开始听起来十分奇怪，它的发音听起来就像你正在胡言乱语一样。你的脑海中不再看到牛奶的包装，也不再看到乳白色的液体被倒入一个玻璃杯中。你的大脑停止了绘制图像，也不再把这两个字与它们的意义联系在一起。

这就是思维融合消除的过程。最后，这个单词的意义以及它对人产生的影响都消失得无影无踪。词语失去了它们的力量，你会发现其实你脑海中的想法只是一系列的发音和词语而已。现在“牛奶”这个词已经无法再对我们造成什么影响了。我们也可以用同样的方法去对付那些令人焦虑的想法。如果你能把想法分解简化成一些字或一个词组，这种方法就会更加有效。比如，如果你担心人们认为你不够聪明，你可以使用“愚蠢”这个词语。如果焦虑感使你感到不安，你可以使用“我正变得很焦虑”这样的短句。就像我们在前面提到的“牛奶”练习那样，你可以把这些词或句子不停地重复一分钟，然后留意一下会发生什么变化。

这个练习并不是应对焦虑的唯一练习。我希望你能尝试用更多的方法去应对焦虑的想法和情绪。你需要从不同的角度看待你的各种想法，把它们想象为你与思维之间的交谈。你也许对你的谈话对象，即你的思维很感兴趣，不过你不一定对它表示赞同。你需要感谢你的思维为你提供了不愉快的想法，然后继续前行去寻找既有趣又有意义的事情。你可以把你的想法想象成有生命的物体。把“我不该犯这么多错误”变成一把宽大舒适的安乐椅，把“成功是非常侥幸的”变成一只粉色的海龟。你可以选择最喜欢的形象。这样的话，你就能更轻松地面对自己不喜欢的事情，或是防止自己纠结于各种看似愚蠢且毫无威胁的想法。拔掉毒牙的蛇、没有牙的斗牛犬、没有螯针的蜜蜂，它们看起来很吓人，但是并不存在什么威胁，所有的一切都是我们的大脑想象出来的。

策略 3：用精确校准的指南针为你的人生选择方向

你和你的思想并不是一码事。你的思想既不能准确反映出你的所作所为，也不能准确反映出风险和回报。但是，如果你不相信自己的思想和感情，那么我们依据什么才能做出决定呢？答案就是好奇心、兴趣和价值观（见第 5 章）。你可以通过一些简单的练习来开始寻找的过程。你需要一支笔、一张纸以及一些时间进行反思。

想象一下自己 20 年后的样子，你积累了很多知识和经验，变得更加明智、更有同理心。设想一下你以后会变成什么样子、将要干什么，而且如果你一直从事现在的工作，将会变成什么样的人。如果在未来的 20 年里你一直坚持这条道路，将会有什么结果？你的好朋友是如何评价你的？你如何谋生？你取得过哪些成就？你有哪些梦想未曾实现？你需要在大脑中考虑这些问题。

想象一下那个“来自未来的智慧的你”会对现在的“你”说些什么。他也许会为你现在的顺利和不顺利提供一些建议。也许他给出的如何获得幸福人生的建议与你现在的行为表现很不一样。也许你现在正走在一条正确的道路上。我希望你真的给自己写一张字条，写一写那个“来自未来的智慧的你”会给出什么建议。把这些建议写在纸上。

还有其他一些方法也可以用来检验你是否偏离了自己的兴趣。我希望你能认识到，如果忽略了内心深处的好奇心，你将为之付出沉重的代价。**对人生轨迹进行设想将会激励你尝试新鲜事物，而不是坐等可能永远也不会发生的惊天动地的事情。**下面是另外一个练习。

人们终将走向死亡，我们只有一个极其短暂的人生可以去感受、去做有意义和重要的事情。想象一下死亡，即使我们不愿意想起它，却也无法阻止它。每个人都难免一死。想象一下，假如你一直如此生活下去，在你去世后，你的墓碑上会刻上什么样的墓志铭呢？如果你一直坚持现在做的事情，你会喜欢自己的墓志铭吗？你不喜欢什么？你喜欢什么？你的人生故事是什么样子的？我们说的是你可能留下的遗产，是你给这个世界留下的印记。

当然，如果你想通过提高兴趣和开放性来减轻焦虑，这些练习并不是唯一的方法。我们应该珍视眼前、活在当下，而不只是等待痛苦消失。我们应该把好奇心作为动力，而不是陷于恐惧与害怕之中。

如果你能进一步接受焦虑的想法并且遵从自己的好奇心，你就可以引导自己去追求更加快乐的时刻以及更加幸福的人生。所有这些策略都为人们提供了独特的方式去应对焦虑等令人讨厌的情绪。焦虑会在整个人生旅途中伴随着我们起起落落，我们无须把它彻底消除掉，而只需关注最有意义的部分。

第 8 章

如何规避好奇心的陷阱

当我们近距离地观察好奇心时，会发现一个奇怪的矛盾：成为一名充满好奇心的探索者能带来很多益处，但是这其中也存在着一个临界点，即错误的时间产生的极端好奇心，或者错误的人们拥有的极端好奇心，会带来黑暗且具有毁灭性的一面。就像你打开俄罗斯套娃时，会发现里面又套着一个更小的娃娃，好奇心的黑暗面也像套娃一样引诱着我们。从某种程度上来说，这种好奇心很常见，并没有什么危害，比如，在事故现场伸着脖子看热闹，在报纸上阅读青少年纵火犯的新闻报道或者名人们的八卦新闻。事情越极端越离奇，我们的好奇心就越强烈。

到今天为止，积极心理学领域的相关专家对积极与消极之间的辩证关系所述甚少，他们的大多数讨论都集中在乐观、感恩、爱、积极情绪、勇气和快乐等方面，好像这些东西越多越好。但是如果客观全面地看待好奇心，我们就必须承认，过多的积极体验也有可能成为不利因素。依据表现方式的不同，好奇心也有可能非常反常、令人生厌、造成干扰或损害，有时甚至是致命的。过多的好奇心会导致人们表现出强迫性的行为，他们会片面追求刺激，或是因为多管闲事而对别人造成伤害。

学会辨认有害的强迫性痴迷

我们很多行为的动力都是为了获得回报，无论是外在的还是内在的。运动员和音乐家就是以内在回报为动力的好奇心探索者。比如，芭蕾舞演员尽管双脚磨出水泡，仍会每天坚持辛苦的训练；拳击运动员不顾鼻子骨折、嘴唇流血或者视线模糊，仍然凭借毅力坚持到比赛的最后一个回合。这些人肯定也有外在动力，比如观众的欢呼声、诱人的物质回报以及公众的认可，但是这些艺术家和运动员为了实现自己的追求付出了时间和努力，同时也遭受了极大的痛苦，他们这样做通常不仅仅是为了获得奖杯或赢得观众的赞誉。为了维持长久的兴趣，为了有更出色的表现，他们还需要有一个更重要的动力——对事业的热爱。研究者发现，如果艺术家和运动员仅仅痴迷于外在的回报，他们将不会有最好的表现。他们会更容易受伤，与同事和教练的关系也会更加糟糕，在遇到困难的时候更容易放弃。

并不是所有能激发兴趣的活动都能激发出激情。只有当你乐于为某种兴趣付出时，你才会充满激情。而你充满激情的行为也能反映出你是个什么样的人，并成为你的意义之源。

13 岁的凯尔·克里奇鲍姆（Kyle Krichbaum）就是一个很好的例子。大多数孩子向父母索要水枪、图画书或者自行车，但凯尔想要的却是吸尘器。凯尔的父母说，当他还是小婴儿时就对吸尘器很感兴趣，看到母亲用吸尘器打扫房间，他会为之深深着迷。所以在他一岁的时候，父母送给了他第一个玩具吸尘器。2 岁的时候，凯尔去参加万圣节化装舞会时就把自己装扮成了一个吸尘器。很快，吸尘器就融入了凯尔生活中的每个角落。在学校里，他的美术课作业就是以吸尘器为主题的吸尘器日历。在家里，他用纸板和乐高积木制作出各式各样的吸尘器。

上小学的时候，凯尔在课余时间就负责用吸尘器打扫教室和校长办公室。凯尔并不是不喜欢和其他小朋友一起玩，他只是更喜欢吸尘器。

现在，13 岁的凯尔拥有至少 165 个吸尘器，其中绝大多数都在使用，而且是轮流使用。只要凯尔没有去上学，他就在家里用吸尘器打扫房子，每天要打扫 5 次。在凯尔收藏的众多吸尘器中，有一台是 1907 年制造的世界上第一台真空吸尘器——胡佛牌 O 型吸尘器，它现在价值约 10 000 美元。在凯尔家里，除了姐姐的房间，其他所有房间里都能看到吸尘器。

凯尔对吸尘器的热忱也激发了媒体的兴趣，他的故事登上了报纸和脱口秀节目。他甚至应邀在 2008 年美国吸尘器经销商贸易协会的全国大会上做了演讲。作为一名吸尘器专家，他还为邻居修理吸尘器，通过这种方式把对吸尘器的热爱转变成了赚钱的方式，然后用赚得的钱购买更多的吸尘器。对凯尔来说，这一切都棒极了。他打算将来开一家吸尘器维修店。不过，他真正的梦想是制造出世界上第一台无声吸尘器。

虽然凯尔的这一爱好能带来积极的回报，虽然他的父母并不介意自己的家成为街坊邻居当中最干净的，但是他们仍然希望凯尔能够走出家门多跟同伴们玩耍。他现在正处在学习社交技巧的关键时期，如果他仍然把大量时间花在吸尘器上，就很难在将来拥有良好的人际关系。此外，我们可以想象，凯尔用吸尘器打扫房子时肯定会影响家人的生活。对凯尔的父母来说，他们必须要时刻留意绝不能把任何贵重的东西放在地板上。凯尔的姐姐也盼着能不再听到吸尘器的嗡嗡声。

加拿大心理学家罗伯特·瓦拉兰德（Robert Vallarand）把激情分为两种——和谐的激情和强迫性的激情。和谐的激情指的是我们按照自己的意愿选择的活动。我们自己决定何时开始、何时结束，我们可以非常灵活地做出决定，因此当激情变成麻烦时，能够减少对它的投入或者可以停止投入。大多数人都能找到一些既能在我们生命中占重要位置又能为其他人生追求留出空间的激情。

但是当人们对某事产生强迫性的痴迷时，就会感觉自己被激情控制，并能体会到一股压力强迫着他们继续下去，即使自己的大脑和身体都想放弃。这个压力有可能来自外部世界，比如父母、教练、老师；也有可能来自内在的动力，比如负罪感或者想要被他人接受的欲望。强迫性的痴迷会耗费人们的全部精力，但是有些人会像酒鬼和瘾君子一样离不开它们。有时这种坚持能带来好的结果，比如承诺和对专业技能的精通，但是由于缺乏灵活性，人们也会错失人生中的其他良机。强迫性的痴迷会对身体健康造成负面影响。大多数冲浪者都会选择在春、夏、秋三个季节去海里冲浪，严寒的冬季或者暴风雨的天气非常危险。但是，冲浪的痴迷者则不会拘泥于这一常识。同样，受伤的运动员和有头痛症状的作家们也有类似的情况。如果人们对某事过于痴迷，他们会坚持自己的追求而对糟糕的身体状况视若无睹，他们的病痛也会进一步恶化。

同时，要注意把强迫性痴迷与强迫症患者的强迫性行为区分开来。强迫症患者不断地重复强迫性的行为（比如检查煤气是不是关了，或者不停地数楼梯有多少台阶），是为了借此方式来压制一些不愉快的想法和冲动。通常对强迫症患者来说，这些无法控制的想法和行为并不能引起他们的好奇心或者激发他们的兴趣，反而非常令人烦恼，所以他们总是试图避免这些想法。而当我们专心从事所热爱的事情时，我们也很容易失去控制或者忘记后果。好奇心所引导的活动也有可能变成强迫性的痴迷。

我们都有寻求社会信息的欲望

有时，充满好奇心的人也会相当烦人，看一看自己有没有下面这些特点：

- 朋友们说我总是喋喋不休地问东问西。

- 我有时向朋友或亲戚刨根问底地问一些太过私人的问题，这让他们很烦。
- 人们说我经常被突然出现的新事物分散注意力，因此比较难相处。

公平地说，现在社会中很少有人能真正地关心他人或者渴望与他人相识相知，充满好奇成了社会中普遍存在的一种现象。收集他人的信息能帮我们更好地游弋于社交环境中。我们想从他人那里获得的信息有可能是公共性的（比如他的职业），也有可能是隐秘性的（比如他与哪些人交往甚密）。大多数情况下，获得他人的信息是大家能接受甚至是人们所期待的，这是因为社会好奇心有着如下重要功能：

- 它能滋养我们的好奇心，并增进我们对他人的了解。
- 它能为我们提供归属感。
- 它能帮助我们进行自我评价，并把自己与他人的社会地位进行比较。
- 它有娱乐价值。

寻求信息的动机真的是五花八门。通常情况下我们都非常尊重社会好奇心。我们希望人们能证实某个保姆或医生的可信度，也想对恋人的家庭和朋友有更多的了解。

很多人都想获悉那些与自己生活差距很大的人的信息。我们周围有很多人对名人非常迷恋，这就是社会好奇心的极好例证。超市收银台附近的货架上就摆满了各种八卦报刊，满足了人们对名人甚至普通人进行窥探的欲望。那么，社会好奇心是一个严重问题吗？那倒也算不上。不过正如其他个人兴趣那样，社会好奇心也有可能带来负面后果。

人们在社会好奇心的驱使下对他人进行监视、窥探或者窃听，这就有可能危害到个人隐私。当然，偷听他人的谈话或者为了检查孩子是否完成了作业去翻看孩子的书包，这些行为的危害性都相对较小。但是如果被当场捉住的话，后果就有可能非常严重了，可能会因此产生激烈的争吵。但是还有另一些情况，比如，某个员工窃取了公司的绝密资料，某人经常翻看邻居家的垃圾，或者有的秘书违反规定偷看那些长相英俊的客户的医疗记录。在上述例子当中，这些人对信息的渴求就是非常不正常或者非法的，应该被严令禁止。

社会好奇心还有一个与之密不可分的行为：流言。流言或闲聊其实无处不在，而且在我们刚开始学说话时就开始了。研究者发现，成年人有 60% 的谈话都算得上是流言或闲聊。

流言之所以无处不在，是因为它有用。我们不可能随心所欲地去任何地方，而闲聊能使我们了解这个世界、理解他人、发展人际关系、学会如何调整适应新环境。人们闲谈时说说关于他人的流言是为了找找乐子，博取对方的喜欢，建立更加紧密的关系（比如通过交换秘密的方式），还可以避免尴尬的沉默。闲聊也能使我们了解或者让他人知道哪些行为是可以接受的，而哪些行为是不被接受的。比如，有传言说公司里一个男员工与已婚女同事搞婚外情，这使公司的其他人能更好地判断出哪些人是值得信赖的，哪些人不能交往，哪些人是可以结成同盟的。

你可以试着拿出一天的时间来戒掉流言，你会发现其实它已经渗透到你的谈话和意识中了。流言通常包括人们对第三方的品质、名誉或社会地位的判断，最常见的话题包括性、金钱、非法活动，以及任何不正常的内容。

如果仅仅是单纯地提到某人的一些事实，这称不上是流言（比如，“凯伦生了个小宝宝”）。不过，如果你对凯伦的行为进行推测或评价，那么就可以称得上流言了（比如，“我觉得她不会回来上班了”“她想当家庭主妇，绝对没戏”）。为了使流言传播得更加成功，它的信息看上去应该真实、清晰且易于理解。当信息模糊不清、未经验证或者残缺不全时，流言也就慢慢失去了力量。

既然流言有一定用处，我们为什么还会有负罪感呢？我们为什么在说话时要压低声音呢？因为一旦流言达到一定的程度，就会给人带来伤害。

流言蜚语的散布者是一些好奇心很强的人，他们把太多时间和精力浪费在探究他人的生活上。这些爱搬弄是非的人虽然有时很受欢迎，但并不会得到他人的喜欢。他们受欢迎，是因为人们想从他们口中得知一些有趣的故事。

人们都害怕自己成为恶意流言的源头，因此，如果有机会匿名传播流言的话，结果会一发而不可收。在一个针对大学生的流言网站上，人们能匿名发帖。有一个题为“谁是某某大学最放荡的女孩”的帖子在几天之内就收到了几百条回复。一些受到流言蜚语攻击的人们在试图修复他们受损的名誉时，也往往表现出绝望、孤独的情绪，甚至有自杀的倾向。

理智地追求刺激

为了对好奇心有个全面的理解，我们必须对那些寻求极度新奇和刺激的人进行了解。对这些人的最佳描述应该是“高刺激寻求者”。无论对他们是爱是恨，我们必须承认，他们很难被人忽略。让我们来看一下历史上两个著名的例子。

例子一：他的家境并不富裕，于是他埋头苦读，把上大学作为改善人生境遇的一个机会，他的努力也得到了回报。他获得了奖学金，进入了一所规模不大的社区大学。后来因表现优异，他再次获得奖学金，进入斯坦福大学与来自世界各地的顶尖学生一道学习。在这个新环境中，他发生了翻天覆地的变化。他外表英俊、打扮入时、机智风趣而且彬彬有礼。他曾经为一条自杀热线担任咨询顾问，从湖里救起一名 3 岁的落水男童，还在大街上抓住过抢包的抢劫犯，被当地警察局誉为英雄。毕业之后，他成为共和党一颗冉冉升起的新星，先后在好几个州长和议员的部门里工作。从他进入法学院的那一刻起，他成为众人瞩目的焦点的机会终于到来了。

例子二：他喜欢对事物进行刨根问底的研究，因此做过很多奇奇怪怪的实验，没有什么活物能逃离他的“魔爪”。他会等母鸡离开鸡窝后，把小鸡的胚胎从鸡蛋里取出来。不知道有多少兔子、小鸟、猫狗的性命葬送在他的手上。他晚上经常出去偷挖坟墓，把刚刚下葬不久的遗体挖出来加以研究和收藏。但是他并不满足于搜集“收藏品”的速度，他转向了自己，开始在自己身上进行各种实验。比如，他刺伤了自己，并对这些由自己造成的伤口进行定期观察。

第一个例子的主人公克服了童年的贫困，受到了良好教育，而且有着远大的政治抱负，这个人正是泰德·邦迪（Ted Bundy），他更为人所知的身份是美国历史上最臭名昭著的连环杀人犯，他的恶行遍布半个美国，1989 年，他因十恶不赦的罪行被处。

第二个例子中偷盗尸体的人不是别人，正是约翰·亨特（John Hunter），他被很多人誉为“现代外科手术之父”。尽管他在医学方面有着惊人的成就，但是在医学界之外很少有人听说过他的名字，因为他的研究成果不断被他的哥哥和其他科学家剽窃或抄袭。但亨特总是避免和哥哥产生冲突，因为他更关心的是满足自己的好奇心（内在的回报），而不是名气和荣誉（外在的回报）。这令人非常遗憾，因为如果他的成就能得到世人的认可，他也会和牛顿、爱因斯坦、尼古拉·特斯拉（Nikola Tesla）、居里夫人等科学巨匠齐名。

亨特在 18 世纪所做的科学实验挽救了无数人的性命。在 1850 年的英国，人均寿命只有 39.5 岁！当时公共卫生条件极其糟糕，很多人都非常迷信，许多无辜的生命都葬送在无良医生的手中。亨特改变了这一状况。在强烈的好奇心和自信心的推动下，他为医生和医疗体系建立起一系列新的指导方针。他认为医疗程序需要得到检测，以查看它们是否有效。他认为医生需要进行练习才能对患者进行治疗。在此之前，外科医生只是从书本上获得技能，拥有的仅仅是书本知识。

亨特在追求知识的过程中甚至做出了很多自我牺牲。尽管他的行为备受争议，但是他的实验为兽医、医生和科学家提供了宝贵的知识。亨特对生命运作方式的不懈研究也教育了下一代人。

高刺激追求者是指那些情愿冒着身体、社会、经济以及法律的风险来满足自己对新奇事物和刺激体验需要的人。他们非常蔑视无聊乏味的感觉，通常需要通过冒险的方式才能感觉自己是活着的。但是冒险只是达到目的的一种手段，他们所获得的回报是冒险过程中新鲜刺激的体验。

成为一名高刺激寻求者究竟是好事还是坏事，要依据人们表达对新奇事物和多样性的强烈欲望的方式。

寻求刺激包括在冷风中散步、练瑜伽，以及与陌生人交谈时的兴奋。它会影响人们对食物、音乐、电影和谈话话题的偏爱。当你被邀请去品尝奇怪的食物，比如蛇肉、鼻涕虫、壁虎、海雀、驯鹿肉或鲸鱼肉生鱼片时，你会有何反应？高刺激寻求者会如鱼得水，他们不会因为感到恶心就远离新鲜经历。

高刺激寻求者也会有一些不怎么符合社会规则的兴趣爱好，比如赌博、悬崖跳水、野蛮驾驶，少数人还有暴力和严重的犯罪行为。寻求高度刺激并不是一种疾病，也不是一种变态的表现；它是一种个性特征。有些高刺激寻求者恰巧也是邪恶的化身，但是大多数人都是成功人士或领导者。乐于接受新体验，并且追求与传统智慧相反的观点，这对社会来说是非常重要的。如果人们都不愿意冒险，那么人类的发展就会停滞。高刺激寻求者虽然人数不多，但他们的行为能确保人类继续发展演化下去。

冒险和亲昵行为

当你驾车的时候，肯定不希望周围有一群高刺激寻求者，而且你也不想把车借给这样的人。几乎所有的危险驾驶行为都是为了寻求刺激，比如醉酒驾车、时速超过 130 公里、不系安全带、未与其他车辆保持安全距离、谩骂其他司机、在车流中来回穿梭、与他人飙车、生气时乱按喇叭、向他人做不雅手势。这些人更有可能横穿道路隔离带，收到违规罚单，并极易引发车祸。

高刺激寻求者很容易给他人带来危险，因为危险驾驶对他们来说是非常好玩刺激的。

高刺激寻求者也更有可能经历各种危险的性行为：过早发生性行为，拥有多个性伴侣，不采取任何保护措施，与陌生人发生性行为，意外怀孕等。成为一名高刺激寻求者，并不意味着一定会经历这些不当的性行为，但是却潜伏着极大的可能性。比如，高刺激寻求者更有可能与患有性传染疾病的人、HIV 病毒携带者或艾滋病患者发生性行为。他们常常为了短暂的快感而忽略沉重的代价。更糟糕的是，他们往往极度轻视有可能付出的代价，不愿意使用安全套或做好避孕措施，因此有不少高刺激寻求者都是 HIV 病毒携带者和艾滋病患者。

高风险的性行为能给人带来刺激，这就是他们很难培养一段持久而有意义的恋情的原因之一。高刺激寻求者把爱情看作调情、争吵以及刁难对方的一种游戏，他们也很贬低忠诚和责任的重要性，反而把不当的性行为当成一种准则。

同好奇心程度高的人一样，高刺激寻求者也很重视与那些和自己很不相同、能形成互补并能扩展自己视野的人进行交往。他们并不会用非黑即白的极端观点去看待冲突。他们对痛苦表现出极大的耐受力，争吵往往是增进人际关系的一种手段，也是彼此之间相互分享、赤裸裸地坦诚，以及激情和能量的源泉。高刺激寻求者会获得更进一步的亲密，并用游戏的态度去对待人际关系，但把爱当成一种竞赛（比如，你对我的付出要多于我对你的付出），这对健康的人际关系是有害的。

如果同伴不停地担心自己会令你感到厌烦，这就很不利于你们关系的发展。因此与他人相比，高刺激寻求者在人际关系中更难得到满足，而且更有可能与配偶离婚。当你把一个高刺激寻求者和一个低刺激寻求者放在一起时，甚至会发生更加糟糕的后果。不忠、激烈的争吵、冷战，甚至分手都是极有可能的。他们只是不明白对方的兴趣所在。

在这些问题当中存在着一种例外。当同伴也有着相似的高刺激寻求倾向时，两个人会非常协调，他们会不断地寻找各种方式来刺激或挑战对方。

犯罪行为的吸引力

对刺激和兴奋的追寻也会带来违法犯罪行为，这比在公路上飙车更为严重。为什么有人会闯入他人家中却什么也不偷？像薇诺娜·赖德（Winona Ryder）这样又有钱又有名气的明星为什么会在商场里偷东西？我们每个人的心里都隐藏着对越轨行为和破坏规则的冲动。对那些过着看似古板拘谨生活的人来说，这种好奇心处于休眠状态，它非常脆弱，理性的思维能把它从人们的大脑中轻易地消灭掉。但是在意想不到的情况下，这种好奇心会突然醒来，促使我们去探索黑暗的裂缝，即使我们知道不应该进入这些裂缝中。这是一种欲望，人们想知道犯罪究竟是什么感觉；这也是一种需要，人们想体验能否被抓住的不确定性。我曾经采访过一个非常聪明而且温文尔雅的白领女性，她是这样描述自己的不良行为的：

> 我有幸从来不缺少任何物质的东西，也从来不缺钱。但是当年我在欧洲工作的时候，有一段时间，我发现自己很喜欢从路边报亭里偷一些不怎么值钱的商品。我记得当时在想，街边的小摊真是最容易招贼惦记的。小摊只有一个摊主，货物散乱地放着，小偷有很多地方可以藏身，因此很容易逃掉。于是，有一天我亲自进行了尝试，偷了一个价值 5 美分的口香糖。让我奇怪的是，我事后并没有感到自己变得更好或更差。我只是因为发现偷窃这件事非常容易而对它很感兴趣。不久之后，差不多每次从那经过时，

> 无论我买不买别的东西，都会偷一块泡泡糖。这样几次之后，我决定提高风险，改偷一些大点的东西，一瓶水或一瓶橙汁，而且也非常轻易地得手了。我很高兴自己擅长此道，并没有感到羞耻。我的罪行很小，它并不会毁掉别人的生活。当然，在那之后我又把风险加大了几次，但是并不会给摊主带去什么严重的损失。我只是喜欢享受凭借智慧逃脱法律时的刺激。拿着偷来的东西，看着它，让我觉得偷窃很有诱惑力。

人们以非法的方式寻求刺激，原因之一就是当他们逃脱惩罚时会产生兴奋的情绪。犯罪行径能使他们感到快乐。

但是有些人会犯一些极端的罪行，比如杀人犯、强奸犯，比如邦迪，还有三 K 党。三 K 党在创立之初，其成员只是为了逃离枯燥乏味的现状。正如历史学家维恩 · 克莱格 · 韦德（Wyn Craig Wade）描述的那样：

> 一些极有魅力的领导者蛊惑许多闷闷不乐而又没受过什么教育的年轻人去寻求刺激，进行冒险。他们蒙着床单打扮成鬼魂的样子，专门吓唬那些相信鬼神迷信的人，并以此取乐。这些领导者利用年轻人的挫折和失败获得社会流动，慢慢地向成员们灌输极端思想，使他们看到自己的优越性，发现自己能使任何人吓得胆战心惊。因此，原本的恶作剧堕落成对他人的折磨、迫害、涂焦油粘羽毛、毒打、处私刑。残暴行径往往有一个卑下的开端。

汉娜 · 阿伦特（Hannah Arendt）用“平庸之恶”（the banality of evil）这个说法给出了结论。她对阿道夫·艾希曼（Adolph Eichmann）和纳粹政权进行了思考，她清醒地认识到，世界上很多穷凶极恶的罪行其实都是由普通人犯下的。人们被伤害他人并破坏他人生活的想法所蛊惑，但是其暴力的最初源泉往往只是为了寻找乐趣和激情。他们在林中纵火，抢劫银行，强奸他人，制造爆炸事件，只是为了消除日常生活中的乏味和痛苦。

不过也许有很多人并不认同上述观点，因为我们遇到的很多暴力行为都是由一些狂暴之徒犯下的，他们与普通人可没有丝毫相似之处。高刺激寻求者也可能非常冲动，好斗，缺乏自控力，在寻求刺激时常常会采取暴力手段。如果他们周围都是些反常的人，而且没有正确指引的话，他们就有可能在好奇心的驱使下追随“邪恶的本性”。当然，这里所说的都是一些极端的例子。圣人与罪人是好奇心相反的两个极端。

工作中的刺激寻求

高刺激寻求者希望找到的工作每天都充满新奇性和不确定性（如果不这样的话，他们就会痛苦不已），比如消防员和警察的刺激寻求水平其实与普通罪犯的不相上下。科学家也发现，犯罪分子的刺激寻求水平与从事极限运动的人们是一样的。这自有其道理，这些都是他们发泄的方式，为他们提供刺激和激情。

退伍军人们表示，虽然战争令他们感到痛苦，但是也能使他们感到兴奋和有意义。战俘们也表示，他们既感到恐惧和愤怒，但也感到刺激和兴奋。这种复杂的心情非常常见，对高刺激寻求者来说尤为如此。他们冒着极大风险，与内心的恐惧进行合作而不是抗争，因此才能完成重大的英雄壮举。当他们处于困难的环境中，或者面临着生命威胁时，能很好地应对。

如果退伍军人是高刺激寻求者，他们在战场上所遭受的创伤、压力和情感问题就会大大减少，但是在从战争的刺激向平民生活的转变中，他们却存在更多的问题。宁静乏味的日常生活无法满足他们对速度和刺激的渴求。因此，我们可以帮助他们发现一些健康的宣泄方式，以提高他们的生活质量。如果忽略了他们追求变化和新奇的天性，就会带来不必要的痛苦和折磨。

还有一些高刺激寻求者成了心理学家、外科医生、辩护律师和投资者。与此相反的是，低刺激寻求者更喜欢稳定有序、按部就班的工作。但有时，重要的不是人们从事何种工作谋生，而是他们如何对待自己的工作。比如，喜欢寻求高度刺激的父母在养育孩子的过程中能够发现那些喜欢低度刺激的父母无法发现的回报。对母亲来说，这可能包括一种更为强烈的感官体验，比如给宝宝喂奶，享受孩子突然进步的乐趣，或者参与到孩子们有趣且富有创意的游戏中去。尽管父母是孩子的保护者和照料者，但是如果我们能够持开放和好奇的心态，孩子也会成为我们的老师。

在某项研究中，父母和老师被问到他们从孩子身上能学到什么。他们学到的人生道理包括：

- 对人生做出调整。不再纠结于琐事中无法自拔，而是把能量用于有意义的人生目标上。
- 更富创造性，更加灵活，认识到实现特定目标或摆脱困境其实有多种方式。
- 用惊奇和敬畏之心去看待这个世界。当孩子问为什么时，我们才意识到自己对周围世界中所发生的事情几乎从来不会提出疑问。我们总以为自己所知甚多，但事实并非如此。孩子并不会因为承认无知而感到尴尬，这为我们提供了一个榜样。发现答案而感到的快乐，要远远大于因无知而感到的郁闷。
- 调皮、爱玩闹能给人们带来无限乐趣。但是，很多成年人都错误地认为人到一定年龄后就该改掉调皮玩闹的习惯，换上一张严肃认真的面孔。孩子们使我们认识到我们无缘无故丢掉了多么宝贵的东西。

高刺激寻求者更容易发现这些人生道理，而且也更容易实践这些道理。通过找寻刺激，并且把枯燥乏味的生活变得有趣，他们能很轻松地从所从事的工作中获得最大收益。

一般而言，高刺激寻求者很容易感到无聊乏味，此时，他们就会故意制造问题，比如与同事吵架或者偷办公室的东西，目的就是在这个乏味的环境中创造出激情。为了应对这种高刺激寻求型的员工，经理和同事们经常感到痛苦不已。处理这种问题的最好方式就是尽量让人们的个性符合他们所从事的工作。多样性非常重要，询问并给出反馈也非常重要。最后，如果环境中的刺激仍然不足，那么高刺激寻求者就需要换一个更加有刺激性的工作。

对刺激的寻求加以引导

仅仅 2 岁的孩子就能表现出寻求刺激的特征。那些日后可能成为高刺激寻求者的蹒跚学步的孩子表现出如下特点：

- 对新玩具和声音反应更为灵敏，并会更迅速地伸手去拿玩具。
- 选择更加刺激的玩具。
- 更有可能进行探索。
- 更有可能进行冒险。
- 父母离开时，如果有足够多的玩具，他们会表现出较少的紧张。

寻找恰当的方法来引导孩子的好奇心和能量，这从孩子的童年一直到成年都非常重要。来自父母、老师、朋友、教练等的社会影响起着非常重要的作用。喜欢寻找刺激的青春期孩子有可能被一些危险的活动所吸引，如果受到正确的引导，他们就会健康成长；但如果他们被犯罪、毒品所吸引，就容易受到毒贩子的错误引导。他们尝试毒品的可能性是那些不喜欢寻求刺激的孩子的 3 倍。

导师和同伴非常重要。如果高刺激寻求者是在积极而有爱心的家庭中成长，他们就不太有可能为了寻求刺激而去从事消极、非法的活动。如果人们对好奇心的世界有进一步的了解，那么毒品、暴力、犯罪等问题能得到更好的解决。好奇心是从事任何活动的主要动力，如果不加以引导，人们就有可能走向黑暗的一面。

西奥多·罗斯福、查克·叶格（Chuck Yeager）和巴顿将军都是高刺激寻求者，有些历史学家把他们描述为获得成功人生的反社会刺激寻求者。成功的关键就在于尽早发现正确的环境和导师。高刺激寻求者在正确的引导下，就能学会以健康的方式来满足自己对新奇性和各种体验的强烈需求。

警惕怪异的兴趣

当决定如何度过空闲时间时，我们会选择能使我们精神振奋的兴趣爱好。在大多数情况下，这些活动都是无害的。当好奇心是以讨人喜欢而不是吓人的方式得以实现时，它才能使人获得最大收益。但是对某些人来说，这些实现方式却十分危险，或者超出了社会所认可的范围。

每个人的性偏好和性欲的激发点都是不同的。能激起你性欲的东西也许会让你的邻居感到厌恶。性欲可以被各种各样的东西激发，从各种人体部位（比如乳房、臀部、大腿、耳朵或者清晰可见的锁骨），到非人类的东西（比如动物、吊袜带、内衣、袜子），甚至还有一些非常怪异离奇的东西（比如尿液、粪便、尸体）。如果这些让你吃惊，那么相信我，不止你一个人有这种反应。大多数怪异的想法、幻想和性行为都是无害的，可有些人却在性经历中体验到了痛苦。

拥有反常性行为的人往往对正常成年人之外的事物表现出冲动和幻想。他们的性兴趣常常会变成一种痴迷，他们会把大量时间和精力用于满足色欲的渴望。他们的性欲有可能来自遭受他人的折磨和羞辱（受虐狂）或者对别人施虐（虐待狂）；也有可能来自把生殖器暴露在众人面前（暴露狂）、偷窥他人尤其当他人正在脱衣服或进行性爱的时候（偷窥狂），或者未经他人许可就用生殖器去摩擦他人（摩擦癖）；还包括被没有生命的物体或某个人体部位所吸引（恋物癖）。性反常行为在男性身上更为常见，通常伴有其他情感问题，尤其是酒精、药物和毒品的滥用，以及抑郁症或焦虑症等。

你也许会想，为什么人们会拥有这些看似离奇的性偏好。正如这些性偏好是各种各样的，原因也五花八门。不过人们对新奇性、不确定性和惊奇的过度关注，正是影响人们产生不正常性行为的原因之一。

我们不能简单地把这些非典型的性兴趣归类为“心理障碍”或“变态”，为了进一步阐明这一观点，你可以考虑一下有些人通过观察他人以满足性需求的现象。观察别人能使人们获得与性有关或者无关的满足感，这是很常见的现象。

在大多数电视和网络节目中，演员和模特们都是心甘情愿把自己展现在公众面前的，但是偷窥狂所选择的目标则根本不会同意他们的这种偷窥行径。

偷窥狂会有明确的目标，暴露狂也是如此。你在自己家中或者被社会认可的任何地方（比如裸体海滩或者水疗馆），可以赤身裸体地走来走去。可是，当某人向周围路过的行人露出自己的生殖器时，就变成了一个问题。这种行为能唤起他们的性欲望，向陌生人展示生殖器时，他们能体验到快感。对暴露狂来说，只有当他们的目标（通常是女性）在不知情或者非常不配合的情况下，这种行为才能激起欲望。

要知道，偷窥狂和暴露狂的行为也许能给他们带来快感，但却危害了受害者的私人空间。它不仅仅破坏了人们的好心情，也有可能会动摇人们对安全和公正的信念，有可能使人们害怕陌生人，害怕独自在家或者单独待在某个地方。当真实的受害者出现时，当他们的人生被改变时，好奇心的黑暗面也愈发地凸显。

你有没有看过急诊室现场秀？是不是很难把你的视线从令人毛骨悚然的场景上移开？你有没有因为看拳击比赛而哈哈大笑？看过几次？

死亡充满了神秘。尽管我们能够对躯体上的死亡进行研究，但是仍然所知甚少。我们渴望了解未知领域。事实上，很多人发现，对暴力和死亡进行研究和认知能带来内在的回报。刀伤是什么样子？尸体是如何腐烂的？人与人有着怎样的差异？人们在濒死前有什么样的表现？其他文化中对死亡的态度与我们对死亡的态度有何不同？

大量的书籍、杂志和网站都因为这些兴趣应运而生。很多怀有病态好奇心的人会以在视频网站上观看变态视频为乐（比如肢解野生动物或者爬行动物吞掉人类的视频）。即使是新闻媒体也注意到负面新闻的收视率要远远超过正面新闻。出版社和电影公司也因为死亡、毁灭和混乱之类的主题大发其财。

为了从好奇心获益而又防止产生痴迷，做出危害自己或他人的举动，我们需要凭借同样的开放性和探索家的精神勇敢地面对好奇心的黑暗面。

尾　声

发现人生的意义和目标

人类有 98% 的遗传密码与黑猩猩相同。哺乳动物、啮齿动物等生物都能体验到好奇心和焦虑感，并且在经过“思想斗争”后能决定是逃离环境还是对环境进行探索。不过有一个特点却是人类所特有的——有意识地寻找意义和建构意义。

在此，我想最后再向读者展示一份证据来证明好奇心的价值。我们需要仔细地考虑一个问题：如何才能找到并创造出意义，帮助人们找到自己的人生目标？在思索这个问题时，这份证据自然会出现。

不顾一切寻找意义与方向

我的人生故事就是围绕着寻求意义展开的。在我和双胞胎哥哥 13 岁的时候，母亲因为乳腺癌去世了，这件事开启了我的意义寻求之旅。在我们兄弟俩当中，我对母亲更加依恋。夏天的午后，我总是喜欢偎依在母亲身边听音乐，或是美美地吃着杏仁雪糕。在我们 2 岁的时候，父亲就离家出走了，再也没有回来过。母亲的突然离世，让我们小小年纪就成了孤儿。

我的妻子和朋友们在聊天的时候常常提到他们的童年，他们常常回忆起一家人去海边或者在大街上玩威浮球（wiffle ball）一直到天黑的场景。但是我几乎想不起 17 岁之前的事情。母亲去世时，我的大多数记忆也都随她而去了。很多心理学家都认为这种反应很正常，通过对想法进行封存和压制来消除不想要的情感，这样能减少人们的痛苦。

我失去了人生中的大部分关爱和意义，于是开始寻找其他替代品来填充内心的空虚。虽然并没有意识到，但我当时确实是在创造并寻找意义。

进行自我探索并不是一条平坦的道路，我在各种各样的意义之间冲来撞去。当时，我一度很关注自己的身材。上中学的时候，我只有 57 公斤，胳膊、腿都细得跟麻秆儿似的，于是很想通过塑身改变自己。我没日没夜地待在健身房里，气喘吁吁地练习哑铃和杠铃，终于增加了 13 公斤的体重，这让我从心底里感到自己很强壮。健身使我获得了释放，给我带来了回报。它是一种终极的艺术形式。

但是，我想得到更多东西。上高一时，我想利用自己的身体条件成为一名优秀的运动员。我的身体缺乏协调性和平衡感，反应很慢，速度也不快，可供选择的运动十分有限，因此很少有人问津的铅球就成了我的拿手好戏。不用说，这种过度阳刚的体育项目拉大了我与高中同学的距离，但在当时同学们普遍感到迷茫的情况下，我却从中获得了强烈的自我意识。

当我 15 岁进入青春期时，我对体育失去了兴趣，开始关注异性。18 岁上大学时，我的注意力由对自己身体的关注转变为对别人身体的关注。像很多人一样，大学毕业的时候我尝试了各种工作。我穿着厚重的超级英雄服装推销收藏卡，在一个律师事务所里当邮件收发员，在东方物品的拍卖会上当男装模特。后来，我来到纽约证券交易所工作，开始正式步入成年人的生活，但是我仍然缺乏满足感，这让我痛苦不堪。为了跟上时代的步伐，我更加执着地寻求意义。我读了大量有关科学、人类思维的书籍，最终决定把自己的意义之源当成我的事业。

我放弃了华尔街的高薪工作。为了把兴趣转变为职业，我先尝试了几份没有报酬的工作。渐渐地，我的意义来源再次发生了变化，我发现自己的使命是成为一名科学家、教师以及心理治疗师，我要努力弄明白为什么有些人即使在生活中遇到很多挫折仍然坚强不屈，感到幸福。我记得人们常用“激情澎湃”和“有奉献精神”来描述我。我因为痛苦而苦苦追寻着人生意义，而这又引导着我发现了人生的方向，或者说是人生的目标。

我们生活的时代充满了不确定性。在我撰写本书的时候，美国正面临着经济危机，一些国家也在经历着长时间的战乱，有些地区还发生了大规模屠杀。当我思考人们到底需要什么时，“快乐”并不是大脑中首先冒出的答案。

快乐是人生顺利的标志，但它并没涉及人生的本质。尽管很多快乐的人能在自己的人生中发现深远的意义，但并不是所有快乐的人都能如此。快乐并不能为你提供方向。

为了成功地解决困难、应对挑战、活在当下，并用善于接纳的心态去欣赏或理解不断展现在眼前的多彩人生，我们需要的不仅仅是快乐。意义是指当我们面临大大小小的人生抉择时，能知道什么事该做、什么事不该做。意义也能提高我们的能力，确保我们为之奋斗的未来与我们最深层次的价值观和兴趣保持一致。

当出现下列情况时，我们就可以说自己的人生充满了意义：

- 开始明白并理解自己是什么人，拥有哪些优势力量。
- 懂得如何与他人协作，并且知道哪些情况能使自己精力充沛，哪些情况会使自己枯竭。

- 找一个能激发兴趣的任务，明白如何才能最有效且最高效地利用人生中最宝贵的资源——时间和精力。

我们寻找意义，是因为没有意义的人生是一个空虚的人生。只有当人生充满了意义，它才能为我们提供一个安全坚实的基石。

然而，关于如何寻找意义，人们并没有一个具体的规划。经常做运动或是吃素食并不会帮人们找到意义；积极乐观、对未来充满希望也不是什么"独门秘籍"；知足常乐远远不够；能带来快乐和惊喜的邂逅也远远不够；生活中有值得关心的人，有能自在相处、必要时能向我们伸出援手的朋友，依然不够。就好像你拥有制作巧克力蛋糕的各种配料，但这并不意味着你就拥有了一个巧克力蛋糕。你需要把这些配料按照正确的方式进行制作，否则，最后的成品可能会糟糕得难以下咽。

快乐只是一个极不稳定的基石，当我们面临众多选择时，意义却能提供方向，指引我们将要走向何方以及将要从事什么工作。我如何选择朋友？如何选择恋人？如何选择职业？如何经受经济、社会以及健康方面的危机？我的业余时间如何度过？我为什么会是这个样子？我如何才能变成我想成为的那个人？

意义能为人们正确回答这些问题提供指导。当然，这也提出了另一个问题，即为了找到这一持久的指导，我们需要有什么条件呢？我相信好奇心就是你用来编织未来时所必需的工具。

我在本书撰写的过程中访问了许多普通人，其中有一个人显得格外突出，因为他有一种创造意义的独特方法。我并不是唯一一个被他的人生所深深吸引的人。我从《华盛顿邮报》的一篇文章中得知了李·惠勒（Lee Wheeler），他是一位雕刻家，有一个极不寻常的爱好，就是搜集由连环杀人犯所创作的艺术作品。在那篇文章中，作者请他分享了对人生的态度：

我很同意一个观点，即如果人们足够好奇，就能发现正在寻找的东西。我要发现某事，并不是我从地上捡起来就带走那么简单。我发现草坪里有一个鼓起的气泡，就仿佛有人把一个枕头塞到了草皮下面。当你推着割草机走过这里时，就会注意到这样的情形。这到底是什么鬼东西？我决定把手指伸进去。而当我把手指拔出来时，我闻到了世界上最臭的味道……这股气流把我的头发都吹了起来。然后一切归于平静。你愣在那里不知道该说什么、该做什么。你的草坪刚刚冲你放了个屁。你不知道是该欣喜若狂地哈哈大笑，还是该呕吐。

惠勒能进入普通人不愿意涉足的地方进行探查，他证明了好奇心在发现日常生活的意义以及按要求创造更多意义的过程中所起到的作用。他进行探寻并不是因为他感到不满。他天性非常开放，易于接受新事物，就像很多人习惯把薯条加大分量一样，他也总是不断地把意义进行扩展。作为一位艺术家，他非常不习惯把自己界定为雕刻家："只能说我非常善于运用泡沫橡胶或混凝土这些材料。任何材料都有不同的使用方式。当某人向我展示某件艺术品的时候，如果我非常喜欢这件作品隐含的思想，离开的时候我就会把它带走进行研究。"

惠勒渴望弄清楚事物是如何运行的。他喜欢亲自尝试，而不愿意依赖所谓的专家或智者。他看待事物就像小孩子第一次看到新鲜事物时那样，丝毫没有先入为主的判断。有了这样的心态，他才能为艺术创作找到灵感，才能不断地丰富自己的人生。他发现了许多人生意义，这些意义能帮助他更好地理解自己、理解他人、理解其他事物，并能理解自己与周围世界的联系。

可是如果不进行探索、学习和发现，无论我们怎样努力，都不可能找到并创造出意义。试想一下，如果你不对意义进行探索、发掘或寻找，你又怎么能找到它呢？

无论你现在仍然年轻，正在探索人生，还是不满现状，或正在挽回损失，应对重大的人生转变，如果你不愿意进行探索发现，就无法获得可供利用的新体验或新感觉。这就是我们可以从惠勒身上学到的。寻找和探索需要注意力、觉察和努力。我无法想象，除了可以去发现意义以扩展自己的核心本质，我们的资源还有什么更好的用途。

正如我自己的故事所证明的那样，虽然在艰难的环境中，我们对世界的信念会受到伤痛和损失的影响，但即便如此，我们也能找到意义并获得成长。不过，你并不是必须要经历重大的人生变动或创伤才能找到意义。其实人们有很多机会去启程寻找意义，但因为机会太多，人们反而很容易迷失。

如何定义和实现人生目标

读书、照料花花草草、进行哲学思辨或者就你感兴趣的问题上网搜索答案（比如，鱼什么时候睡觉，如何把火山开发为一种能源），小到各种细节，大到寻找问题的答案，其实都是在寻找意义，也是我们在试图理解世界以及自己在世界中的位置。当我们搞明白的时候，人生才会充满意义。

拥有目标的人生有几个显著特征。第一，当目标成为人们的指导力量时，他们的人生故事就有了一个中心主题。如果把你自己比喻成一座大楼，人生目标就是这座大楼的主体框架，它能从整体上展示出你的为人。而具体的目标比如获得硕士学位或成为更好的倾听者，则能帮助人们更好地理解大楼的其他部分，比如柱子、地板和房间等。具体的目标能帮我们理解自己在人生的某一特定时间、地点是什么样子的，但是却无法勾画出人们的整体形象。

比如，卡洛斯是一位辩护律师，每当他忙于大案子时，如果你问他有什么目标，他会回答他的计划就是不让客户被判入狱。对他来说，律师是一个能带来很多回报的职业，他也因为自己做出的贡献而感到十分自豪，这使他能更好地利用自己的优势力量。但是下班之后，照顾家人就成了他的目标。此时，他的老板会很知趣地不去打扰他与家人相处的时间，除非有特别紧急的情况。他非常喜欢与妻子和两个孩子待在一起，家人就是他的坚强后盾，使他在这个纷繁复杂的世界中感到平静。做律师所获得的回报保障了家人的安全和幸福，他的工作也因此变得更重要、更有意义，但这远远比不上丈夫和父亲的角色。

卡洛斯的人生目标为他在日常生活中的具体目标和决策提供了基础。当他必须做出决定时，他会把照顾家人以及与家人待在一起放在首要位置。他的人生目标指导着他如何把有限的时间和精力投入到特定的具体目标中去，而且为之坚持不懈，直到最终获得成果。如果他的爱人和孩子想在周末外出度假，他会在工作日的晚上加班加点，这样周末就可以腾出时间陪伴家人了。人们缺乏睡眠时往往会感到非常难受，但他却不会感到痛苦，因为这件事值得去做。

人生目标是核心价值和兴趣的体现。它并不会控制人们的行为表现，而是为人生指明方向，正如指南针给航海者指明方向一样。不过人们也有可能选择不去追随这个方向。如果卡洛斯每周工作 90 个小时，每天回到家时家人们早已进入梦乡，那么他照顾家人并与家人共享人生的目标就不会有什么收获。当我们的行为方式与人生目标相悖时，我们就会感到痛苦。拥有目标只是一个起点，只有付出努力，我们才能为自己找到快乐和意义的持续源泉。未曾播种，你就无法收获果实。

第二，当人们在追求人生目标时，会为重要的目标和活动付出更多努力，且通常感觉毫不费力。可是如果我们做某件事是毫不情愿的，那么即使付出的努力是一样的，我们也会感到万分疲惫。人生目标能保护我们，因为如果我们有可控制的重要目标可以依靠，就可以克服周围世界中的压力和困难。人生目标也是一个坚实的基石，能使我们勇于冒险和探索，并发现和创造意义。人生目标能提高我们的能量供给，让我们可以去做渴望的事情，并从中取得更大收获。

第三，当人生目标成为一种引导力时，人们在不同背景下的行为就能保持相对一致，无论在公共场合还是私人空间。我们无法通过立法来规定人们的目标。有些父母认为照顾孩子是意义和快乐的重要源泉，但并不把它当成人生目标。但是只要他们重视父母这一角色，即使照顾孩子并不是他们的核心本质，这也没有什么值得羞愧的。

就算父母把抚养孩子当成他们的人生目标，也并不意味着他们就绝对不会感到疲惫，或者不想周末抽点时间泡个热水澡，与朋友聚会、聊天。其实他们也想放松一下。但是，有些父母觉得抚养孩子是一种负担，而不是心甘情愿的事情，与他们相比，那些把照顾孩子当成人生目标的父母就会有更强的适应力。

大致说来，**当你的行为符合你内心最深处的价值观和兴趣时，当你拥有人生目标时，你就更容易设定重要的具体目标并获得成功**。当你所从事的活动符合你的核心本质时，一切都会变得更加容易，压力对你的身体、精神和社会生活造成的损害就会大大降低。

实现人生目标的三个途径

有时候，我们极有可能从行动中发现人生目标（如把工作当成“使命”、为人父母、照料他人）。除了工作，人们还有一个共同特点，就是利用自己的能力服务于比个人更重要的事业。这些并不是人生目标唯一存在的地方，比如很多人从兴趣爱好和所热爱的事物中也能找到人生目标。人生目标并不是只有一种固定模式，同样，你的人生中也没有某个特定时间专门供你去寻找目标。

我知道创造目标并没有一个特定的途径。但是我和我的同事帕特里克·麦克奈特（Patrick McKnight）都认为我们可以定义出至少 3 种培养人生目标的方式：

- 我们可以学习，以他人的行为为榜样，并模仿他们的价值观和意义源泉。

- 以开放和同情的心态对待那些能改变人生的重大事件，这样我们就能创造出意义，并且使意义更加清晰明确。
- 我们可以进行探寻，有意识地打开大门去寻找人生的目标。

我为大家提供这些途径，是希望你们能意识到自己创造目标的潜力。有了好奇的心态，你就更有可能发现人生目标，并且也会为完善人生意义而付出必要的努力。

向他人学习人生目标

发现人生目标的第一种途径就是学习，我们可以通过观察或模仿他人来学习他人的人生目标。在观察别人时，应该注意他们的行为需要付出何种代价以及能够带来何种益处。比如，当你玩捉迷藏的时候，看到哥哥藏在汽车底下的绝佳位置，你就会想自己为什么没想到这个地方；但是当汽车引擎声响起，看到哥哥发疯似的从车底下跑出来时，你就再也不会把车底下当成好的藏身之处了。

通过模仿来学习要比自己亲自摸索更加有效，毕竟亲自摸索要面临风险，还有可能遭受失败、不确定性和焦虑的折磨。但是，尽管这种方法效率更高，可模仿他人会使你在发现自己的优势和兴趣之前就过早地设定好人生目标。

如果我们还没做好准备就过早确定好某个人生目标，很容易会被有魄力的人吸引，因此很有可能追随别人的意愿，而不是遵循自己的兴趣。你需要不断地问自己：你是为了谁而投身于某项任务？如果我可以保证你一生都被他人接受、爱慕、羡慕，你的人生会是什么样子？你会停止做哪些事情（既然你再也不用担心他人对你的看法）？你会做哪些不一样的事情？如果在这些条件下你的追求发生了变化，现在你就需要开始自己的旅程。你要一遍遍地问自己这些问题，以确保你的人生目标确实源自你的兴趣。

孩子很善于观察父母，并会模仿父母的言行举止。孩子们吃饭的口味与父母很像，而且也会养成很多与父母一样的习惯和偏好。但是父母只是众多榜样中的一种。

我曾听一个40多岁的人讲述他在曼哈顿一条大街上见到的事情。他看到一个陌生人弯下腰来帮助一个流浪汉，当时流浪汉面朝下趴在人行道上，已经严重脱水。在这之前，没有任何人停下来帮帮那个流浪汉，人们从他身旁经过，却都对他视而不见。但是当这个陌生男人开始帮助这名流浪汉后，众人的态度也开始发生变化，人们纷纷停下来伸出援手。给我讲故事的人永远无法忘记这件事。这是一堂速成课，让我们知道即使一个人的力量也可以让世界变得更加美好。当你看到这种行为的时候，它将影响你在未来面临危机时的反应。当观察者看到越多类似行为，并发现善良慷慨所带来的益处时，人们就越有可能亲自实践这些行为。

对有些人来说，他们的人生目标来源于其他人。也就是说，他们的人生目标并不是来自自己亲自探索的尝试过程，也不是来自某个改变人生的重大事件，而是来自对他人行为以及伴随着这些行为所产生的相关情感反应的观察。

最开始的时候是进行观察。通过观察，人们能够模仿他人的行为。人生目标就像病毒一样在人与人之间迅速传播，并且能够牢牢地抓住那些思维开放或者易受他人影响的人。

关键问题是你的生活是否与人生目标相符，或者你的人生目标是否只是你用来装点门面的东西。当你下次对你的人生核心要素进行描述时，无论是抚养孩子还是任何你认为对人生最重要的使命，你都需要考虑这样的问题：你的行为与信仰相符吗？你为了这些与信仰相关的具体目标付出了多少努力？如果你言行不一，你需要找出原因。

我们无法选择自己的父母，而且对幼年时所接触到的东西，也没有多少发言权。如果你足够幸运，你会有一对给予你关爱和呵护的父母，他们能给你足够的自主性去自己做出决定，并发现你的个人优势和兴趣。而如果你不够幸运的话，你的人生就会被预先规划好。也许你的父母会对你谩骂虐待，也许你会经历不好的事情，也许你永远也不会知道原本你可以有这么多的选择，可以随时改变自己的人生方向。

我们可模仿的人不仅局限于我们的父母。当我们与人聊天，或者通过看电视、看电影、读书、上课、上网等各种信息来源获得他人观点时，我们就可以得知他人的人生目标。当你想向父母以外的人寻求指导时，要保证这个人一定要拥有你所渴望的成功。他们所拥有的优势力量，也许你也有，只是他们的优势力量得到了充分的发展；或者他们所拥有的优势力量也许正是你所欠缺的，因此才深深吸引了你。你不一定非得选择你周围的人，比如父母和老师等。在你寻求榜样的过程中，你应该充满好奇心，思维开阔，积极主动，在向他们学习的同时你还要保持自己的独特性。当你发现自己的优势时，当你处于最佳状态且斗志昂扬时，你与榜样之间就会既有相似之处又有明显差异。

当我们试着发现目标来指引自己的独特人生时，需要一些规则和计划，因为当向他人学习时，会很容易受到迷惑，会变得言听计从。而且当我们把好奇心束之高阁时，会有迷失的危险。

当机会和挑战出现时

生活的磨难除了令人感受痛苦之外，也常常会改变我们对自己、他人以及世界的看法。但是，尽管人们常常面临巨大困难，但是很多人，甚至包括孩子，都能够忍受痛苦，继续前行，表现得极有韧性。还有些人在应对艰难险阻时，仍然能够迈步向前，他们能在挣扎中学会成长，并从中获益。

为了了解人们在遭受创伤之后能获得怎样的韧性和成长，让我们想象一个非常可怕的例子：强奸。正如人们认为的那样，与从未受到罪犯伤害的人相比，强奸受害者出现心理问题的风险要高出很多。比如，强奸受害者患创伤后应激障碍的概率会升高6倍，试图自杀的概率则会升高13倍。强奸受害者通常会遭遇焦虑、抑郁、噩梦以及产生自杀的念头。

但是有一个事实却令人非常吃惊，而且不太容易为人理解：6个月之后，未经心理治疗，大约50%的强奸受害者会恢复之前的状态。很多受害者并没有患上精神或身体方面的疾病，只是在工作能力、社交能力或者参加日常活动的能力等方面表现出轻度障碍。

士兵退伍回家后，也表现出了同样的问题。有些士兵目睹了战争中可怕的暴力和暴行，有些士兵在战场上负伤，甚至差点丢掉性命。你能从新闻上得知很多人患上了创伤后应激障碍、抑郁症、试图自杀或者无法成为对社会有用的人。这些后果非常具有毁灭性，而且也严重影响到周围的人和整个社会。但是，尽管我们并没有努力把退伍士兵的创伤减到最小，也没有通过提供帮助来向他们的牺牲表达感激之情，可我们发现，很多退伍士兵在经历苦难之后仍然有能力去解决问题，并且迅速成长。

上述情况是在经受极端暴力的情况下出现的，但是在一些更常见的事件发生后，人们也会出现类似的现象。一个女性朋友对我说过："不管你喜不喜欢，生完孩子后，你的人生就会发生改变。"同样，当我们失业、换工作、搬到一座陌生城市、恋爱、结婚或退休时，也会发生同样的变化。研究者对一些事件进行了研究，比如心脏病发作、严重的车祸、亲人身患重病或离世、被诊断出绝症、观看电视上对"9·11"事件进行报道等，以弄明白人们是如何应对困难并且获得成长的。

从这些研究中可以看出，人们在应对人生转折、困境和危机时一般有如下三种基本改变：

- 人际关系被加强。对家人和朋友的重要性有了更加深刻的认识。之前未受到应有关注的亲人现在被提升到最重要的位置。对他人更加关心。体现出人际交往的美德，如善良、慷慨、宽容和感恩。对人际关系有了全新的认识，并且很想依据这些新感受来行动。
- 对自己的看法发生改变。确定了哪些个人优势能帮你有效地应对困难，这样能增强你的自信以应对将来出现的困难。当人们发现自己拥有哪些优势，同时承认自己存在哪些弱点和不足时，才会变得睿智。幸存者并不会把困难当成威胁，而是当成挑战甚至是机遇。这种全新的态度通常会使人们变得更有韧性，因此将来就不会出现这么多艰难困苦。
- 人生哲学发生改变。人生目标或使命有可能出现。更强烈的信念往往会在苦难之后出现。你也许会更加恪守现有的信念和习惯，也有巨大的观念转变。人生目标也有可能是其他主题，比如追求知识、与世界分享你的优势和创造力、照顾人生中非常特别的人、为了世界正义和社会公平而努力、保护环境、尽量真实地表现自己等。有了这些人生哲学，你就能制定出更加具体的目标，并为这些目标而不断奋斗。只有当这些哲学被转变为实际行为时，我们才可以说人们在经历了伤痛或创伤之后重新拥有了一个有意义的人生；当我们把信念付诸行动时，我们才能在心理、身体以及社会等方面受益。

这些重大事件能带来机遇。如果我们进一步了解这项研究以及临床文献，就可以得知如何成为一名不屈不挠并能迅速恢复的勇士，以及如何从这些事件中获得成长并且继续前行。基于对改善人生最有效的策略的了解，让我为你们列举出一些如何提高获得积极结果（或者减少消极结果）可能性的方法：

- 改变你对创伤和磨难的看法。研究表明，并不是每个人在受到创伤之后都会痛苦绝望。很多人会坚韧不拔，还有很多人甚至能从中获益，获得成长，变得更加坚强，而且目标更加明确。你要记住，痛苦与成长是共存的。也就是说，在你体验到无尽痛苦的同时，你也能获得成长从而变得更好。事实上，你也需要消极的情感、思想和悲痛来帮助你成长。

- 痛苦的事情和不幸的经历本身并没有什么积极的因素，人们获得成长并不是因为不幸事件本身。如果你能从中发现人生目标，那也是你在悲痛过后与新的现实进行斗争的时候才产生的。我们必须要勇敢面对当前所遭受的痛苦、消极情感、消极思想，以及我们不希望出现的各种感觉。我们无法改变过去，因此要珍惜眼前，及时采取行动，创造成长的空间。
- 如果想了解我们支离破碎的想法，如果想成为一个完善的人，我们就需要接受一个事实：当灾难发生时，伤痛的想法和感觉都是正常反应。只有接受了消极方面，我们才能尝试去理解所发生的事情，并探寻意义和目标。
- 弄清楚你的起点在哪里，弄清楚你想做什么。每个人的伤痛都不一样。如果你从一开始就把自己与其他幸存者相比较以发现谁表现得更好，你就大错特错了。
- 也有不少人从痛苦中只能获得极少量的成长，或者根本无法获得成长。正如约瑟夫·坎贝尔（Joseph Campbell）[①] 所说的那样：不要把寻找人生目标当作目标，而应该体验当下活着的感觉。如果你能发现人生目标，那很不错。可是你也有可能无法发现人生目标，那么你也应该充满希望，你会恢复，并且用丰富而有意义的时刻填充你的人生。
- 最不可能获得成长的是那些经历极少量痛苦和经历极度痛苦的人。经历了极少量痛苦的人无须寻找意义，也无须去理解当前的经历，因为他们能凭自己的能力有效地应对当前的境况。 如果没有严重后果，他们无须做出改变。而经历了极度痛苦的人们则面临不同的情况，他们只想着努力存活下来，

---

① 坝贝尔是影响世界的神话学大师，其作品被誉为寻求个人内在觉醒的“圣经”，是探寻自我与心灵成长者的必读之作，具体可参见由湛庐策划、北京联合出版有限公司出版的《千面女神》和浙江人民出版社出版的《千面英雄》。——编者注

无暇顾及成长。他们想要寻找安全感，寻找希望。一些我们认为理所当然的事情却让他们费尽周折，比如晚上睡觉时不做噩梦对他们来说就很困难。他们经常突然因为某事就想起了当时的场景，仿佛再次经历了当时的痛苦。他们仍然深陷于过去而无法活在当下，也无法为一个有意义的未来而努力。

- 如果你无法从苦难中获得成长，你也没有错。我们的成长受到多重因素的影响，其中很多都是我们无法控制的。最重要的因素就是在日常生活中能有安全感，而且日常生活能运行良好。只有这样，我们才能开始思考从痛苦经历中学习和获得成长。

- 在经历创伤和痛苦之后产生积极和消极的人生变化，这都是正常的。我需要再次声明，好的方面和坏的方面可以共存。我有一个客户，他在 7 年之前失去了妻子。他说："我在床上睡觉时总是躺在我自己的那一侧。"失去妻子对他造成了明显的影响。他发现很多以前从未关注的事情其实都非常有趣，比如因为看着邻居家的花花草草时会感到很平静，他在自家院子里也建起一个花园。同时他放弃了以前妻子让他陪同一起做的事情。他平静地接受了在发生人生剧变之后的得与失。有趣的是，那些经历了"9·11"恐怖袭击之后同时表现出较多积极和消极变化的人们能获得更多的成长。你要知道，应对消极因素能帮你寻找意义和目标。

- 除了痛苦的强烈程度，还有两个因素也会对我们是否获得成长产生影响。首先，灾难过去了多长时间，这一点非常重要。我们需要时间来理解所发生的事情，并决定自己是否做好准备迎接各种潜在的积极变化（人际关系、自我认知，以及人生目标）。其次，对这些经历的好奇心和开放性也是非常重要的。如果你不想知道发生了哪些变化，也不想把这些变化当成努力的方向，那么你将错失任何成长的机会。也就是说，我们需要认清事情的真实面目，即使这样会使人感到痛苦，我们不能妄加猜测或因一叶障目而无法认清问题。

- 如果我们任由事情肆意发展而不采取任何措施，那么我们就更不可能发现人生目标。这并不是说我们应该用大量时间去反思或质疑所发生的事情。

我们应该进行观察、探索和发现。当我们承认事情发生了就是发生了，已经成为自己人生故事的一部分时，人生目标才有可能出现。

- 采取措施以应对痛苦的想法和感觉。当我们发现人生目标时，会重新审视自己所关注的事物、决心从事的活动，以及如何支配时间和精力。为了把新的人际关系、自我认知或者人生哲学应用于实践中，我们需要创造具体的目标，并努力实现这些目标。

对痛苦的人生经历进行修正和理解是一个过程，有时对某些人来说是可能的。用开放和好奇的心态对不确定性做出回应并加以控制，是获得韧性和得到恢复的重要因素之一。当我们充满开放性和好奇心，即使在遭受损失和创伤的时候，也会有能力获得茁壮成长。但是研究清楚地表明，如果人们想在经历创伤和悲痛之后发现人生目标，好奇心只是众多因素之一。

“9·11”事件之后，你可以看到很多这样的例子。在经历了愤怒和仇恨等各种情绪之后，很多人的谋生方式发生了巨大的变化。报纸上有很多相关报道，讲述了很多成功的投资银行家、律师以及整形医生纷纷放弃他们优越的社会地位和生活方式，转而想要改变这个世界。突然间，有很多人渴望成为小学老师或护士，或是想去第三世界国家帮助那里的难民或是去治病救人（所得的收入只是他们在本国收入的一小部分）。科学家发现了这些变化的心理学依据。你可以看到，“9·11”事件之后，美国人普遍变得更加懂得感恩、更善良，注意精神的崇高，而且对新事物更感兴趣。

这些研究是在“9·11”恐怖袭击之后接着开展的，但是，没过太长时间，“9·11”事件带来的这些新变化就烟消云散了，人们恢复了几个月之前的老样子，他们的成长只是暂时性的。但是对少数人来说，他们的人生保持了改变后的模样。他们原先贴在车玻璃上的小国旗也许不见了，但是他们却改变了基本的人生哲学和价值观，他们的人生目标和日常行为变得更好。从这次灾难中，他们发现了致力于更崇高事物的崭新人生。他们发现了自己的人生目标。

积极主动探索新事物

瑞秋·西蒙斯（Rache Simmons）博士是康奈尔大学医学院一名主攻乳腺癌的医生，她选择这项职业是因为兴趣，因此也找到了自己的人生目标。她说自己的公寓里“满是裸体的女性，绘画、雕塑、铜像”。她补充道：“我读本科的时候，主修艺术史。”她从很小的时候，就“迷恋上女性的形体……那种热爱影响了我。可以说我把患者的身体当成了艺术品。我举办了很多讲座，主要话题就是尽量减少使用侵害性的治疗方式，我也有幸在这一方面成为带头人。侵害性的减少意味着对形体的破坏减少。我很高兴看到患者接受乳房肿瘤切除术一年之后伤疤就能消失，或是接受乳房切除术的患者愿意接受乳腺 X 射线摄影检查，因为重塑后的乳房看起来十分自然”。西蒙斯博士尽自己最大努力保住女性的美丽，并把她们的痛苦降到最低。很多人都从审美的角度去欣赏裸露的身体，但是西蒙斯博士却更进一步，把这一兴趣上升为人生目标的高度。

人生目标很难塑造，如果我们只是坐等偶发事件来激励我们采取行动，那么我们的人生就会停滞不前。西蒙斯博士的例子表明，目标可以来源于主动寻找和改进的过程。这一过程不再是坐等重大事件发生后对其做出反应，而是一个有意识的、逐渐的过程。好奇心是一个关键要素。

享受思考的快乐吧。健康的自省能使人们更好地理解自己人生故事的核心所在。你需要知道你重视哪些东西，你拥有哪些优势，以及你如何使用它们。只有意识到哪些能力、哪些东西对我们很重要，哪些事物能引起我们的兴趣时，我们才可以把有限的时间和精力用于值得我们付出的事物上。人们很容易肤浅地认为好奇心是对周围世界的探索，但是不要忽略一点，即对你自身以及自我反省充满好奇心也是极有价值的。由此，我们可以从所从事的活动中提取更多意义。

但是，如果不对生活范围之外的领域进行探索，我们的人生意义同样十分有限。好奇心吸引着人们去体验新鲜事物，这些要素确保人们能发现新奇性。当人们对未知事物进行探索或者挑战自己知识和技能的极限时，不可避免地会进行自我扩展。这一扩展的过程既包括对事先存在的兴趣和价值观进行阐明和完善（深度），也包括增加兴趣和价值观的数量（宽度）。当我们投入新的扩展性活动中时，某个兴趣、爱好或者激情有时就会得以发展，它们就是快乐和意义的可靠来源。这些快乐和意义的源泉非常重要，但是它们通常与我们个性中的其他因素没有什么关联。也就是说，它们并不一定就是人生的目标。

为了全面地塑造人生目标，我们必须认出并且利用那些具有启发性的经历（即给我们带来顿悟的时刻），必须从繁忙的生活中拿出一些时间，对新事物进行思考、理解和整合。我们不能只是寻找新鲜事物，还必须好好地理解它，看一看当下的体验是短暂的肾上腺素爆发，还是能为自己的核心本质增加的新内容。如果它能为我们增加新的内容，那么就需要弄清楚它只是一块普通的砖，还是属于整个建筑的主体框架——持久的意义或目标。

如果想积极地塑造人生目标，内省、自我认知以及好奇心并不是唯一的条件。人们还需要运气或缘分。运气在发现目标的过程中起着重要的作用。我们在日常生活中遇到什么样的事情都是极具偶然性的。如果我们不断进行探索、实验或者尝试，有时就会偶然碰到积极的机会。你尝试得越多，你发现意义的机会也就越多。

当偶然事件或随机事件发生时，通过与人交谈，我们可以更好地理解或强化这件事。我们可以把这个好消息与他人分享，极有可能会得到有建设性的回应，而这会进一步强化我们最初的兴趣和激情。当我们信任和依赖的人认同我们的想法时，我们就更有可能为邂逅投资。当然，有些人相信他们自己就能完成，只需要足够的时间用来内省。最重要的是，你能够接受偶然的发生，愿意忍受偶然的不确定性，并且能深入发现它能带来哪些回报。我们无法控制运气，但能控制自己的注意力，以及注意力的质量。通过不断尝试、有意识的反思，以及充满好奇心的探索，在日常生活中随机出现的积极时刻里，我们就可以对自我进行广泛的补充。

在不断尝试、犯错、获得机会的过程中，在某个时刻，我们会意识到自己已经找到了一个满意的目标（或者至少能进一步完善的目标）。在寻找目标的过程中，“解决办法”并不是来自人们对幸福的追求，而是来自能不能发现一个途径来表达内心深处难以捉摸的价值观和兴趣。

在这个动态过程中，人们在不断地寻找意义。无论何时，我们都可以学习另外一套价值观，用它来指导我们，并且通过这些经历，重新塑造思维，改变个性。

寻求目标是一个刻意的、渐进的过程

再回到惠勒的例子，也就是我从《华盛顿邮报》上读到的那位雕塑家，我对他的“放屁草坪”和好奇的心态非常感兴趣，于是决定找他聊一聊，以了解更多的情况。显然，他就是积极心态的一个极好例证。

惠勒偶然发现了自己奇怪的人生目标，即欣赏并试着理解人生的荒诞性和人类的复杂性。惠勒的目标并没有局限于雕塑家和艺术家这一职业，而是渗透到他的生活方式之中。

惠勒长着一把乱糟糟的灰色大胡子，头上戴着一顶旧棒球帽，帽檐下面的双眼透出专注的目光。他说自己很喜欢“让事物待在不应该待的地方”，这一人生哲学就是他的目标、他的指南针：

> 它并不是你正在寻找的东西。它也许是一个被压扁的瓶盖，形状看起来像个小星星。它也许是一个纸杯，当你往里看时，会对你说“去你的”……这些东西会让我忍俊不禁。你停下来仔细查看时，它会把你牢牢抓住，让你忘记周围的一切。我并不关注要缴多少税，也不关注我脸上是否在长痘……我的许多作品中都隐藏着更深层的含义。我上大学时常常在一些奇怪的地方写东西，比如水槽下面或者壁橱里……我希望人们会想“他到底在这里干什么”。坦白地说，我现在仍然这样。它就像一个小小的定时炸弹，你把它们放得到处都是。

最令我觉得有意思的是他对连环杀人犯的艺术作品的兴趣。我对此虽然不太了解，不过从他激动的语调里，我知道问到了他真正热衷的东西：

> 我收集好玩的东西，也许是不寻常的东西。有些东西当你路过时，你不知道它的用途……我收集连环杀人犯的作品。他们并不是因为艺术而为人所知。这些作品源自他们难以抑制的冲动——当他们成为死囚犯时需要把内心表达出来。可以说，这就像是与某人进行交谈。当我得到一件他们的作品时，我就得到了他们的部分思想。有时我也感到恐惧——我感受到了他们罪行的恐怖。但这些作品依然令我好奇，让我深陷其中。我最喜欢的一件作品由亨利·李·卢卡斯（Henry Lee Lucas）所作，他绑架并杀害了很多人。他毫无感情，把人们当成物品而不是有生命、能呼吸的人，正是这一点深深地吸引了我。他画了一只红雀，画得很不错，画上没有体现出他人性的黑暗一面。这幅画没有背景资料，画面温馨，如同出自一位过着悠闲生活的和蔼老人之手。我喜欢了解人们的两个极端。

如果你也很喜欢读推理小说，或者喜欢看《犯罪现场调查》这种犯罪题材的电视剧，你也许会与惠勒有一些共同点。他经常一连数日苦苦思索着有些人是如何模糊了人与嗜血野兽之间的界限。惠勒困惑于为何那些人向他人施加折磨，竟然丝毫不会感到良心的谴责。他的古怪收集品反映出他的使命，即努力弄清周围世界的真相，无论真相多么复杂。

无论是放出甲烷气体的草坪，还是连环杀人犯用来表达内心深处感受的绘画作品，惠勒正在进行永不止歇的探索，他要发现的东西根本无法分门别类加以定义。惠勒体验到了强烈的激情和兴奋，尽管有时也会有暂时的间歇。他说话时听起来就像一个忙着玩耍的狡黠的小孩子。我这样说是因为我们成年人早已忘记了玩耍嬉戏的价值。我觉得这就是有些事情让我们大多数人避之不及，而他却能从中找到快乐和意义的原因。惠勒正在进行不断的尝试，他也非常热爱他的旅程。他非常乐于接受偶发事件，因此能获得许多意义，并且把意义添加到他的人生中去。

享受充满好奇的人生

无论你最终选择哪条道路——或者也有可能把向他人学习、被动做出回应和进行积极探索这三种方式结合起来，如果你能不断地质疑、调查，并且感到好奇，你就会获益匪浅。这让我想起了一位父亲，他就试图训练儿子掌握这种思想。他的儿子当时非常天真好奇，就像一块海绵一样能不断地吸收知识。

理查德的爸爸常和他玩一个名为“我在哪”的游戏。理查德闭上双眼，他的爸爸会描述一个地点让他猜：

> 无论我转向哪个方向，只能看到巨大的毛茸茸的蓝色高塔。它们非常壮观。它们很高，又挨得很近，我不知道它们是不是能一直升到云彩里去。无论走到哪里，我只能看到同样的毛茸茸的蓝色高塔，到处都是。每个塔都和别的塔保持着相同的距离，每个塔的宽度都是一样的。我刚刚摸了一下其中一座塔，它擦痛了我，但没有伤到皮肉，感觉就像摸到了海绵的背面。当我看着自己的双脚时，我注意到地面也像塔一样毛茸茸的，也是蓝

色的。如果我上下跳动，我的双脚会微微地弹起来。我在哪？

答案就是，理查德的爸爸正裹在卧室蓝色的地毯里，他们正坐在卧室里玩这个游戏。他们经常这样玩。他的目标就是让儿子摆脱用单一视角看待世界的习惯。出发点不同，看到的世界也是不一样的，因此他想让理查德知道，人们在看待他人、地点或问题时总有一些不同的视角。如果你只坚持一种角度，你就会一叶障目，无法学习到新的东西。这个游戏只是理查德的爸爸用来锻炼儿子好奇心、灵活性和创造力的众多方法之一。

多年之后，理查德回想起父亲对他产生的影响，认为是父亲引导他走上了科学的道路。理查德非常成功，毕业于一所名牌大学，获得了物理学博士学位，成为“曼哈顿计划”（制造了世界上第一颗原子弹的计划）中最年轻的成员，后来获得了诺贝尔奖。他就是理查德·费曼（Richard Feynman）。他的成功人生证明了好奇心的价值。在他幼年时期，父亲就教导他好奇心的重要性，好奇心成为他人生最基本和最核心的要素。他的自传有一个恰如其分的名字——《发现的乐趣》（*The Pleasure of Finding Things Out*），他在书中描写了父母对他的影响，虽然自己小时候尚不能完全理解这种影响。

在很多国家，好奇心都是最为人们认可的一种优点。但是，如果想要获得本书中所讨论的益处，仅仅声称自己拥有好奇心是远远不够的。人们很容易就把自己的优点当成是理所当然的东西，也很容易忘记那些经常出现的优点。

一开始，你的想法也许和我的很多学生一样：“我不用尝试着成为一个充满好奇心的探索者，因为如果什么东西非常有趣的话，我自然会对它做出反应。”但是，当优势力量紧紧地交织在我们的核心本质中时，我们往往很容易低估它们。也许人们认为，我们应当为工具箱增加新的优势力量，而不仅仅是运用现有的。坦白地说，这种想法大错特错。我们现有的优势力量正需要我们多多加以利用。它们让我们感到舒适自在，最能激励我们，而且在使用它们的时候也不费吹灰之力。

当我们把好奇心当成理所当然的东西时，就不会利用它来帮助我们做任何事情。我们无法在好奇心的引导下寻找有趣且有价值的目标，而是陷于陈旧的习惯和常规中无法自拔。我们会变得消极怠工，可以在人生中发现和创造的意义也会受到限制。为了让好奇心帮助我们创造一个有意义的人生，我们需要有意识地对其加以利用。我们需要开始关注自身与周围世界的联系（比如本章开头村上春树的一段话）。即使当我们对人生中的偶发事件做出被动的反应时，也需要保持积极的心态。

成为一名充满好奇心的探索者能够为人们打开一扇大门，从而发现并创造意义。但是只有当我们有意识地倾听自己的好奇心，并且依据好奇心行事时，这一切才有可能。如果我们能做到，当我们放飞好奇心去自由探索时，就能品味到最美好的人生。

对有些人来说，激情澎湃的追求成为我们的人生目标中最重要的部分。我们的行为与最深层次、最核心的价值观息息相关。如果想获得健康、圆满以及长久的人生，拥有人生目标只是众多途径之一。它虽不是唯一途径，但却是最重要的途径。我希望通过对人生目标的理解，有些人能找到意义，有些人能找到目标，每个人都能建构起一个更加开放、更富激情、更加壮阔以及更加长久的人生。

人际关系练习

在第 6 章中，我讨论了一个以科学为基础的观点：接受新奇性和不确定性，并把它们带到人际关系中，这样能使双方都更加满意。

下面的练习就是提高激情度，从而让人际关系更令人满意的一种方法。

练习一：如何为你的爱情增添活力

步骤 1： 每个人都默默地考虑一下与伴侣相处的时间。不要与对方商议，每个人都需要就你们共处的时间列个清单，而且你们的共处应该是非常愉快的或者令人兴奋的。考虑一下在家里、工作中、社区中、休闲时、度假时或者在其他地方时，你与伴侣做的哪些事情能让你感到激动。比如当你们两个：

- 去听音乐会或者去酒吧。
- 玩游戏或者看比赛。
- 去购物。
- 学习一项新技能。
- 交谈。
- 做志愿者。
- 解决一个问题。
- 照料他人、动物或者其他事物。
- 演奏音乐。
- 做爱。
- 锻炼身体。
- 放松。
- 去一个与你所处的完全相反的环境中。
- 参与紧张的身体或精神训练。
- 加入一个你们都信任的组织。
- 追求一种爱好。
- 收拾屋子、院子、汽车或游艇。
- 尝试做新菜。
- 去看电影。
- 待在同一个房间里，各做各的事情，比如看书、做针线活或者玩字谜游戏。
- 计划家庭支出。
- 上课。
- 做其他事情（没有限制，可以加上任何让你兴奋的活动）。

步骤 2：与你的伴侣一起比较两份清单。看一下两份清单上有哪些相同的活动，然后把这些活动列成一张总清单。

步骤 3：这一步骤共有三个部分。首先，想一些与清单上所列活动相似的活动，即能令人兴奋而又可行的活动，把它们添加到清单上。其次，寻找一些有可能让你和伴侣都感到兴奋的新奇活动，进行尝试。最后，还有一些活动，你以前觉得它们太过幼稚或者有可能让你丢脸，总是对它们退避三舍，现在却能引起你的兴趣。你需要扩展自己，即使感到焦虑也没关系。这样你就能发现令人兴奋的新活动，并把它们添加到总清单上。

步骤 4：每周至少拿出一个半小时的时间去尝试总清单上的某项活动。而且这些活动一定是从步骤三提到的总清单上的三类活动中选择的，这样能增加一些新奇乐趣。毕竟，就算是再好玩的事情，如果你反复去做，也会变得乏味，而且有时你和伴侣需要进行多次尝试才能找到最适合你们的活动。你们要把这每周一个半小时的时间当成非常重要的约会——不要轻易就取消约会，除非有极其特殊的情况。

你也许还记得第 6 章里提到过，与伴侣和好友一起做一些新奇而兴奋的事情是改善人际关系的另一种好方法。

研究表明，你所关心的人能对你产生积极的影响。此外，当你与伴侣独处时，如果看到对方的个性以一些不常见的方式表现出来，是非常有意思的一件事。如果你想极力发展一段充满活力和激情的人际关系，后面是三个附加的步骤。

练习二：三个附加步骤

步骤 5：在你们共同尝试新活动至少 2 个月后，你需要与伴侣一起制订第二份总清单。这份清单包括两部分：在第一部分里，写下你们都喜欢与之共处的朋友的名字；在第二部分里，列出一些能与这些朋友一起从事的非常愉快的或令人兴奋的活动。

步骤 6： 让这些朋友知道他们对你们很重要，而且希望能经常见面。然后，与他们一起讨论哪些活动最好玩。

步骤 7： 仍然坚持每周与伴侣从事新奇有趣的活动，同时安排与朋友一同出行。大家一起出发，好好玩吧！

附录 2

挖掘人生意义的心理测试

在为本书提供科学依据的众多研究中，心理学家通常会就某些特定问题设计出调查问卷让人们回答。对问卷中问题的真实回答有利于心理学家进一步了解答题人的想法、感觉和行为。

心理学家所使用的测量工具并不是随随便便就设计出来的。事实上，它们经过了数百人甚至数千人的“验证”过程。验证过程能使设计者知道这些测量工具能否检测他们希望检测的东西。验证过程应该在研究者在实验室之外使用测量工具之前进行。

为了帮助读者更好地了解自己，我获得了一些著名研究者的许可，在本书中列出了他们的一些测量工具，另外还有我自己修订的一份。因此，读者可以借助这些测量工具来更好地了解自己。注意，这些问题的答案没有正确与错误之分，你也不是在与别人进行比赛。你的回答越真实，就能对自己有越多的了解。

基本心理需求量表

《基本心理需求量表》(*Basic Psychological Needs Scale*)测量了幸福的几个要素，即人们对自主权、能力和归属感的需求达到了何种程度的满足。

自主权是指人们的选择和活动都是自主决定的，而不是受到内在压力（比如内疚）或外在压力（比如他人制订的规则）的控制。

能力是指人们对所处环境有信心，并能熟练掌控。

归属感是指与他人建立起令人满意而又有意义的关系，而且能感受到别人的关怀、认可和理解。

为了了解你的上述三种基本需求得到何种程度的满足，你需要仔细阅读以下说法，并且圈出与你真实情况相对应的数字。

1	2	3	4	5	6	7
完全不正确			有些正确			非常正确

1	我感觉我能自由地决定自己的生活方式。	1	2	3	4	5	6	7
2	我真的很喜欢与我打交道的那些人。	1	2	3	4	5	6	7
*3	我经常感到自己无法胜任工作。	1	2	3	4	5	6	7
*4	我感到人生中有很多压力。	1	2	3	4	5	6	7
*5	我认识的人认为我很擅长自己的工作。	1	2	3	4	5	6	7
6	我与所交往的人相处非常融洽。	1	2	3	4	5	6	7
*7	我喜欢独处，没有太多社会交往。	1	2	3	4	5	6	7

8	我觉得我能自由地表达自己的想法和观点。	1	2	3	4	5	6	7
9	我把经常打交道的人当成我的朋友。	1	2	3	4	5	6	7
10	我近来学会了一些新技能。	1	2	3	4	5	6	7
*11	在日常生活中，我经常不得不做一些别人让我做的事情。	1	2	3	4	5	6	7
12	我周围的人非常关心我。	1	2	3	4	5	6	7
13	大部分时间，我会因为我所做的事情而拥有成就感。	1	2	3	4	5	6	7
14	每天都与我打交道的人能考虑我的感受。	1	2	3	4	5	6	7
*15	我的人生中没有什么机会能展示我的能力。	1	2	3	4	5	6	7
*16	我没有多少关系亲密的朋友。	1	2	3	4	5	6	7
17	我感到在日常环境中能展现真实的自己。	1	2	3	4	5	6	7
*18	经常与我打交道的人好像不怎么喜欢我。	1	2	3	4	5	6	7
*19	我常常感到能力不足。	1	2	3	4	5	6	7
*20	在日常生活中，我没有什么机会能自己决定如何做事。	1	2	3	4	5	6	7
21	人们普遍对我非常友好。	1	2	3	4	5	6	7

标有星号 * 的句子描述的是负面情况，需要反向计分，计算分数时需要注意以下几个步骤：

第一步：第 3，4，5，7，11，15，16，18，19，20 项需要反向计分。也就是说，如果在回答这几项问题的时候，你选择了 1，计分时你需要把 1 变成 7。以此类推，2 变 6，3 变 5，5 变 3，6 变 2，7 变 1。如果你选择了 4，计分时不变。

第二步：把第 1，4，8，11，14，17，20 项的分数相加，然后除以 7，所得分值就是“自主权”平均分。我的“自主权”得分是______。

第三步：把第 3，5，10，13，15，19 项的分数相加，然后除以 6，所得分值就是“能力”平均分。我的“能力”得分是______。

第四步：把第 2，6，7，9，12，16，18，21 项的分数相加，然后除以 8，所得分值就是“归属感”平均分。我的“归属感”得分是______。

接受和行动调查问卷 II

《接受和行动调查问卷 II》（*Acceptance and Action Questionnaire II*）测量的对象是心理灵活性，即活在当下的状态，积极应对任何不愉快的想法、感觉和身体上的刺激而不是逃避它们，以及以重要的价值观为方向而付出努力。为了查看你的得分，你需要依据你的实际情况，圈出每条陈述后面相应的数字。

1	2	3	4	5	6	7
完全不正确	非常不正确	比较不正确	有时正确	比较正确	非常正确	完全正确

1	如果我记得一些不愉快的事情，这没关系。	1	2	3	4	5	6	7
*2	我的痛苦经历和记忆让我难以过上我珍视的生活。	1	2	3	4	5	6	7
*3	我很害怕自己的感觉。	1	2	3	4	5	6	7
*4	我担心无法控制我的焦虑和其他感觉。	1	2	3	4	5	6	7
*5	我的痛苦回忆让我无法拥有幸福的人生。	1	2	3	4	5	6	7
6	我能够掌控我的人生。	1	2	3	4	5	6	7
*7	情绪会给我的人生带来一些问题。	1	2	3	4	5	6	7
*8	好像大多数人都能比我更好地应对自己的人生。	1	2	3	4	5	6	7
*9	焦虑妨碍我获得成功。	1	2	3	4	5	6	7
10	我的想法和感觉不会影响我选择自己的生活方式。	1	2	3	4	5	6	7

标有星号 * 的第 2，3，4，5，7，8，9 项需要反向计分。回顾这 7 项，如果你选择了 1，计分时你需要把 1 变成 7。以此类推，2 变 6，3 变 5，5 变 3，6 变 2，7 变 1。如果你选择了 4，计分时不变。

现在把 10 项的分数相加，你的得分越高，就表明你的心理灵活性越高。我的得分是______。

人生意义调查问卷

《人生意义调查问卷》(*Meaning in Life Questionnaire*) 测量的是你认为你的人生或者你的存在到底有多重要。此量表有两个细化量表：意义的存在 (Presence of Meaning) 和意义的寻找 (Search for Meaning)。仔细阅读每一句话，然后圈出能真实准确地体现你的想法的数字。记住，答案没有正确与错误之分；无论你的答案是什么，对你来说都是正确的。

1	2	3	4	5	6	7
完全不正确	非常不正确	比较不正确	不好判断	比较正确	非常正确	完全正确

1	我明白我的人生意义。	1	2	3	4	5	6	7
2	我正在寻找一些能让人生有意义的事情。	1	2	3	4	5	6	7
3	我总是在寻找我的人生目标。	1	2	3	4	5	6	7
4	我的人生有明确的目标。	1	2	3	4	5	6	7
5	我很清楚我的人生怎样才能变得有意义。	1	2	3	4	5	6	7
6	我发现了一个令人满意的人生目标。	1	2	3	4	5	6	7
7	我总是在寻找一些能让我的人生变得重要的事情。	1	2	3	4	5	6	7
8	我正在为人生寻找目标或使命。	1	2	3	4	5	6	7
*9	我的人生没有明确的目标。	1	2	3	4	5	6	7
10	我正在寻找人生的意义。	1	2	3	4	5	6	7

在你对两个细化量表计分之前，首先要把第 9 项进行反向计分。如果你选择了 1，计分时你需要把 1 变成 7。以此类推，2 变 6，3 变 5，5 变 3，6 变 2，7 变 1。如果你选择了 4，计分时不变。当你计算“意义的存在”量表的分值时，

注意此项的反向计分。

“意义的存在”细化量表的测量对象是：你的人生到底有多少意义。为了找到答案，你需要把第 1，4，5，6，9 项的数值相加。我的“意义的存在”得分是______。

“意义的寻找”细化量表的测量对象是：你为寻找意义，即探索、发现和创造意义付出的努力。为了找到答案，你需要把第 2，3，7，8 和 10 项的数值相加。我的“意义的寻找”得分是______。

理解幸福评分

现在，你已经得出了你的基本心理需求（通过《基本心理需求量表》）、你的心理灵活性（通过《接受和行动调查问卷 II》），以及你的人生意义及其寻找（通过《人生意义调查问卷》）的状况。

为了更好地理解得分，你需要与平均水平进行比较，而选择比较对象取决于你重视哪一方面：性别、性取向、种族、地域、职业等。为了简单起见，我只选择年龄这一因素。

当然，这些测量方法并不是测量幸福的唯一工具。我选择它们，是因为它们的效度在众多科学研究中得到证实，而且更方便在书中使用。更重要的是，无论你在这些测试中得到什么样的分数，只要你根据本书提到的方法多加练习，你就能变得更具好奇心，而且能获得更大的满足感。

《基本心理需求量表》： 如果你的“自主权”得分高于 34 分，“能力”得分高于 30 分，“归属感”得分高于 44.5 分，就说明你比大约 50% 的成年人感到更加满足。

《接受和行动调查问卷 II》：关于这项心理灵活性的调查，大学生和社会团体中的成年人的得分（平均分略低于 51 分）要高于因心理问题而接受治疗的成年人（平均分略低于 40 分）。如果你的得分高于这两组的分数，那么与“普通人”相比，你能更从容地应对当前时刻以及各种想法和感觉，你无须心存戒备，同时在为目标而努力的过程中，也能表现出更高的心理灵活性。

《人生意义调查问卷》：对人生意义来说，年龄要比幸福的其他因素更加重要。对“意义的存在”这一项评分标准来说，青少年的得分普遍偏低（平均分 21 分），大学生的得分略高（平均分略低于 24 分），25 ～ 44 岁的成年人得分略低（平均分接近 22.5 分），45 ～ 64 岁之间的成年人得分偏高（平均分接近 25 分），而 65 岁以上的老年人得分最高（平均分略低于 27 分）。如果你的得分高于你同年龄段的平均分，那么你就要比“普通人”拥有更多的人生意义。

对“意义的寻找”这一项评分标准来说，13 ～ 44 岁的人得分最高（平均分大约为 25 分），45 ～ 64 岁的上班族得分会低一些（平均分接近 23 分），而 65 岁以上的老年人得分最低（平均分略低于 21 分）。

下面两个工具用来测量第 5 章和尾声中所讨论的人生中的价值观、兴趣、激情和目标。这两个工具分别是《人生价值调查问卷 II》和《人生价值靶心图量表》，能帮你对人生的各个领域进行评价，以找出最有意义的事物。这两个量表也能帮你弄明白该从何处着手去发现人生目标。

我建议读者不要直接在书上写下答案，你可以把这些量表多复印几份，因为这样的话，你就可以追踪观察你的日常行为是否符合你关心的，哪些事物对你来说是有意义的，哪些事物能给你带来人生目标。这其中还包括发现并管理通往有意义的人生之路中遇到的障碍。你要试着进行有规律的追踪观察，比如一周一次。

人生价值调查问卷 II

《人生价值调查问卷 II》有两个部分。以下是人们所重视的 10 个人生领域。在第一部分中，当你为每个领域评分时，我想请你回答下面的问题。

当前的重要性：这一领域目前对你的人生来说有多么重要？用 1 ～ 10 的数字来表示它的重要性：1 指的是这个领域一点儿也不重要，10 指的是这个领域非常重要。

并不是所有人都认为这些领域是非常重要的，或者认为它们有着相同的重要性。你需要根据自己的观点，给每个领域进行评分。答案没有正确与错误之分，圈出能反映你真实想法的答案就好。

1	2	3	4	5	6	7	8	9	10
一点儿也不重要									极其重要

1	家庭（不包括婚姻或抚养孩子）	1	2	3	4	5	6	7	8	9	10
2	婚姻 / 夫妻 / 亲密关系	1	2	3	4	5	6	7	8	9	10
3	抚养孩子	1	2	3	4	5	6	7	8	9	10
4	朋友 / 社交生活	1	2	3	4	5	6	7	8	9	10
5	工作	1	2	3	4	5	6	7	8	9	10
6	教育 / 培训	1	2	3	4	5	6	7	8	9	10
7	娱乐 / 消遣	1	2	3	4	5	6	7	8	9	10
8	精神生活	1	2	3	4	5	6	7	8	9	10
9	社区生活	1	2	3	4	5	6	7	8	9	10
10	养生（饮食、锻炼、睡眠）	1	2	3	4	5	6	7	8	9	10

第二部分的焦点是你的行为方式和生活方式。我希望你对自己在何种程度上依照价值观而行动进行打分。针对每个领域，你都要回答以下三个问题。

行为：在过去一周里，你在这一领域中采取了多少行动？用 1 ～ 10 的数字来表示你的行为水平：1 指的是你在这一领域一点儿也不积极，10 指的是你在这一领域非常积极。

对行为的满意度：在过去一周里，你对自己在这一领域中的行为的满意程度如何？用 1 ～ 10 的数字来表示你的满意度：1 指的是你一点儿也不满意，10 指的是你非常满意自己在此领域中的行为。

担忧：你对这一领域不会像你希望的那样获得进展有多大程度的担忧？用 1 ～ 10 的数字来表示你的担忧程度：1 指的是你一点儿也不担心，10 指的是你非常担心。

用 1 ～ 10 的数字回答每个领域的每个问题。不要考虑你的过去、你对未来的希望或是他人对你的评价。你要知道，你在某些领域的表现要比其他领域更好，请坦诚地面对自己。

		行为	对行为的满意度	担忧
1	家庭（不包括婚姻或抚养孩子）			
2	婚姻 / 夫妻 / 亲密关系			
3	抚养孩子			
4	朋友 / 社交生活			
5	工作			
6	教育 / 培训			
7	娱乐 / 消遣			

续表

		行为	对行为的满意度	担忧
8	精神生活			
9	社区生活			
10	养生（饮食、锻炼、睡眠）			

现在把《人生价值调查问卷 II》第一部分的答案与第二部分的答案进行比较。在过去的一周里，你的行为与你觉得非常重要的价值观相符程度如何？

人生价值靶心图量表

《人生价值靶心图量表》能帮助人们认清自己的价值观，但这并不意味着帮助人们确立具体的目标，诸如“我想结婚”“我想找个更好的工作”“我想买房”“我想毕业”之类的具体目标在此可以被忽略。价值观通常是指未完成的任务，需要人们为之做出进一步的努力，比如，“我想尽最大努力成为最好的父母”“我想一直关心、支持我的伴侣”“我想在工作中有最佳表现”。价值观决定了我们每个人如何生活、如何选择交往对象，以及有何种表现。价值观反映了我们想做什么、何时会做，以及如何去做。理解了我们的价值观，能帮我们了解在人生的各方面想如何表现。

《人生价值靶心图量表》分三部分。第一部分将会帮助你认清自己的价值观。第二部分将会帮你发现任何妨碍你按照自己的价值观来采取行动的障碍。第三部分将会帮你制订一个行动计划，帮你选择一种与你价值观更加接近的生活方式。

◎ 第一部分：靶心

《人生价值靶心图量表》的第一部分有两个练习。在第一个练习中，你需要考虑 4 个人生领域：工作 / 教育、人际关系、个人成长 / 健康、娱乐。仔细阅读如下每个领域的描述，并写下你在每个领域的价值观。注意，答案没有对错之分，本练习的重点就在于写下你的个人价值观。

工作 / 教育： 此领域包含你的工作场所和职业、教育和知识，以及技能发展（也包括志愿者工作和其他形式不拿报酬的工作）。你如何对待你的客户、顾客、同事、员工？你想把哪些个人品质带到工作中？你想发展哪些技能？

____

人际关系： 这一领域包含你生活中的各种亲密关系，包括与爱人、孩子、父母、亲戚、朋友、同事和其他社交对象的关系。你想建立怎样的人际关系？你想在这些人际关系中扮演何种角色？你想发展什么样的品质？

个人成长 / 健康：此领域是指你作为一个人的不断发展。它可能包括个人表达能力、创造力、发展生存技能、瑜伽、接触大自然、锻炼身体、营养、克服有害健康的因素（比如吸烟）等。

娱乐：此领域包括你如何玩耍、放松、冒险、享受，以及为了消遣、兴趣和创造而从事其他活动。

《人生价值靶心图量表》第一部分的第二个练习是一张靶心图，看起来就像一个飞镖靶。但与飞镖靶不同的是，它分成 4 部分，分别对应人生的 4 个领域：工作 / 教育、人际关系、个人成长 / 健康、娱乐。请仔细阅读你刚才所写的价值观，然后在靶心图 4 个区域的相应位置标上“X”，表示你与价值观相符的程度。就像飞镖靶一样，你标记的 X 离中心越近越好：标记离靶心越近，表明你的人生观越符合你的价值观；标记离靶心越远，意味着你的人生观与价值观越不相符。

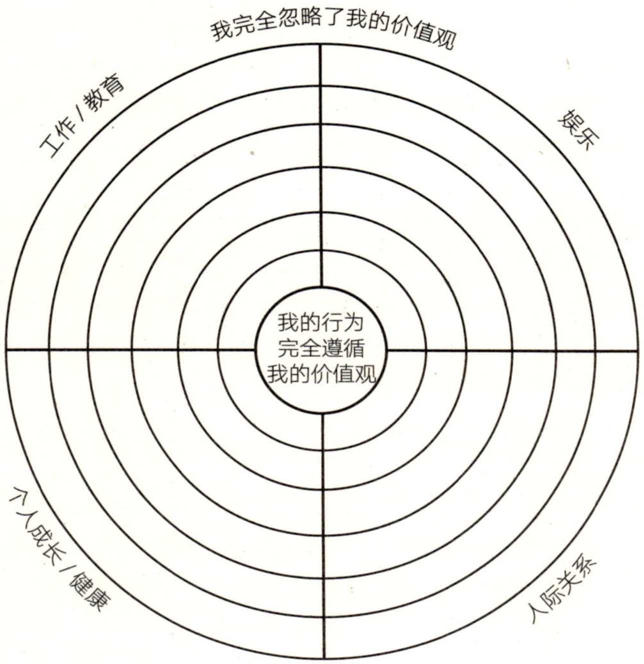

◎ 第二部分：认清你的障碍

再思考一下你在第一部分第一个练习里写下的个人价值观。现在，想一下你希望如何利用这些价值观以实现你想要的人生。你最欣赏的价值观与你的真实生活之间是否脱节？如果是的话，哪些障碍影响了你实现自己所梦想的人生？请在下面横线上做详细表述。

____

____

____

现在，估计一下你人生中的障碍有多么强大，然后圈出一个数字，这个数字代表了这些障碍对你遵循个人价值观的妨碍程度。

1	2	3	4	5	6	7
丝毫不会妨碍我						非常妨碍我

◎ **第三部分：我的价值观行动计划**

到目前为止，你已经确定了哪些价值观对你来说是最重要的，也知道了你离实现一个符合价值观的人生还有多远，而且还认清了通往这种人生的路途上的各种障碍。现在，想出任何能使你离实现价值观更进一步的行为。这些行为可大可小，是非常私人化的。试着在 4 个领域中写下至少一种你想采取的基于价值观的行为。

工作 / 教育：

人际关系：

个人成长 / 健康：

娱乐：

____

《人生价值靶心图量表》是由瑞典 ACT 心理治疗师托拜厄斯·伦德格伦（Tobias Lundgren）授权，后经拉斯·哈里斯（Russ Harris）修改，现在由我做了进一步的修订。

致　谢

写书有一个好处，就是可以借此机会向我生命中重要的人公开表达我的感激之情。

毫无疑问，我写这本书的原因之一就是 D. T. 马克斯（D. T. Max），他在 2007 年 1 月 7 日、星期天的《纽约时报杂志》（*The New York Times Magazine*）上发表了一篇文章，专门对我所研究的幸福学进行了介绍。我因此收到了大量媒体来信，纷纷邀请我撰写一本论著来专门阐述与幸福有关的庞杂内容。这使我惊讶地发现，只要你思维开放并且乐于探索，即使看似偶然的事情也会改变你的人生。

在乔治梅森大学心理系领导和同事的大力帮助下，我的研究项目拥有绝对的学术自由。感谢你们为我的项目提供了一个良好的环境。

我也得到了以下几个机构的慷慨资助：美国国家卫生研究院（National Institutes of Health）、美国焦虑症协会（Anxiety Disorder Association of America）和美国退伍军人综合服务网站（Veterans Integrated Service Network），在你们的帮助下，我才有机会对我感兴趣的内容展开研究。我本人没有参过军，但通过此研究，我非常有幸地帮助一些退伍老兵治疗了焦虑症，借此方式略表我的感激之情。

科学研究是一个孤独探索的过程，因此保持良好的人际关系非常重要，这不仅能给予我能量和灵感，也能使我毫不费力地保持自己的本质。

在我兴致勃勃开展研究的过程中，许多同事都与我通力合作，给我提供了宝贵的专家意见和指导帮助，以及各种支持材料，在此我要由衷地感谢阿瑟·阿伦、凯瑟琳·巴格韦尔（Catherine Bagwell）和英格丽德·布达尔（Ingrid Brdar）等人。

此外，我的学生们在实验室里对社交焦虑症、性格优势和相关现象进行了研究。没有他们，我不会获得这么多成果，研究进程也不会如此顺利。当然，仅仅在实验室进行研究是远远不够的。在本书撰写期间，威廉·布林（William Breen）和帕蒂·佐巴斯（Patty Zorbas）对本书中的重要章节进行了细致的编辑，并给出了中肯的评价。梅利莎·伯恩贝克（Melissa Birnbeck）帮助我进行背景研究的工作，克里斯蒂娜·普卢默（Christine Plummer）也对此研究项目提供了各种帮助。正因为我的团队有了他们的加入，这本书才会变得更好。

还有不少人也对本书做出了不小的贡献，他们与我一同分享尚未发表的研究成果，并允许我使用他们的调查问卷。通过电子邮件或谈话，他们也向我提供了一些重要的观点、知识、批评或者独到的见解。我尤其要感谢很多参与到我积极心理学和幸福学课程中的朋友、亲属、熟人、客户、学生，也要感谢那些为本书无私贡献出自己故事的陌生人。我无法在此一一列出他们每个人的名字，只能期待将来有机会向他们致以谢意。

正如我在一个偶然的机会与好奇心这个话题结缘，我与生命中最重要的人的相遇也是如此。在本书的撰写过程中，我从他们那里得到了许多弥足珍贵的谈话、鼓励、慷慨帮助、同情和智慧，而且总是有很多有趣的小插曲。我尤其要感谢罗伯特·比斯瓦斯 - 迪纳（Robert Biswas-Diener）、帕特里克·麦克奈特（Patrick McKnight）等人。我会永远感激他们对我轻度躁狂症的忍耐，也希望将来能对他们有所报答。

感谢我的编辑玛丽·艾伦（Mary Ellen）以及哈珀·柯林斯出版社的全体员工。正是他们对我的信心支撑着我无论在顺利的时候还是在艰难时刻，都勇于冒险、永不言弃。

感谢我的代理商理查德·派因（Richard Pine），感谢他的洞察力、坦诚、乐观、睿智、可靠。他是我所见过的最犀利的批评家，他的鼓励对我来说非常重要。几乎在我们的每一次谈话中，我都是忙于做记录，或者利用宝贵的时间对他的言语加以深思。我真的无法想象，如果没有他的话，我该怎么办。

然后是我的第二位编辑珍妮特·戈尔茨坦（Janet Goldstein）。她是我力量和勇气的坚固基石。她对本书进行了编辑工作，付出了许多艰辛劳动，她对这个项目的价值真的无法衡量。可以说，她是我在本项研究过程中结识的一位挚友。

通过我的堂兄兰迪（Randy），我能够来到纽约证券交易所这个纸醉金迷的场所工作。那是一段很不错的记忆。但是我同样感谢我的另一个堂兄埃里克（Eric），是他帮助我逃离那个地方。在整个家族中，唯有他支持我实现成为一名科学家、教授、心理治疗师和作家的梦想。正是这唯一的支持成为我前进的动力，使我坚持不懈，并获得人生中历久弥新的意义。

虽然我的双胞胎哥哥安德鲁（Andrew）没有参与本书的撰写工作，但是如果没有他，我的人生就不会完整。他常常提醒我，只要我们持有正确的心态，就可以从看似熟悉的事物中发掘出新奇的宝藏。我们从出生前就开始一起冒险，出生后也分享着类似的人生经历，没有人能像他那样激发我的兴趣。我希望每个人在每段人际交往中都能获得相同的情谊。

本书的写作过程也是我人生中最具挑战性而且最有意义的一件事。感谢上苍，我人生中最重要的人一直在我的人生旅途中陪伴左右。很少有人能遇到像自己父母那样充满爱心而且慷慨大方的人了，但是我却遇到了两个这样的人——巴里（Barry）和玛丽莲·斯皮茨（Marilyn Spitz）。自从我与巴里相识以来，他就为这个项目和几乎每个人都提出了很多好的建议。玛丽莲既充满好奇心，又温柔可亲，能激发出任何人的灵感。此外，没有人能像我的祖母塞尔玛（Selma）那样悉心照顾长辈和晚辈却毫无怨言。我只能默默地钦佩她的勇气和谦逊，与她相比我实在差得太远了。她现在仍然是我的典范，因为她教会了我如何让生命更有意义。

如果没有我的妻子萨拉（Sarah），这本书也不可能完成。她为这本书做出了巨大的牺牲。她会认真聆听我在参加派对、享用浪漫晚餐或者在月下漫步时脑子中突然冒出的各种想法，也会认真对待我一大清早就突然迸发出的灵感。我写书期间一直如此，她对此毫无怨言。当我不在家时，她总是精心照料我们的双胞胎女儿克洛艾（Chloe）和雷文（Raven）。她一直是我最亲密的知己，而且任何时候都能让我开怀大笑，这是一种让我为之惊异的神奇力量。除此之外，她还为本书起了一个十分完美的名字。每当我看到克洛艾和雷文在她的呵护下茁壮成长时，我对她的爱就变得愈加深厚。

译者后记

如果问“你最想要什么”，相信每个人都有着不同的答案，但是这些各异的答案从本质上来说可以归结成一个词——幸福。幸福是人们不懈追求的目标：也许是与爱人相濡以沫，也许是期盼着新生命的诞生，也许是面临困境时能得到他人的帮助，也许是与朋友们谈笑风生……但是你有没有考虑过一个问题：如何才能得到幸福呢？本书的作者为我们提供了一个答案：好奇心。

好奇心是什么？它有什么作用？它如何让平凡的人生变得充满激情？每个人的好奇程度是一样的吗？好奇心是否也有消极黑暗的一面？对这些问题，作者在本书中都一一为我们进行了解答。同时，本书并不局限于幸福的范畴，而是上升到了人生意义和人生目标的高度，向读者展示了如何获得人生智慧以及令人满意的人际关系，如何应对人生中的焦虑、痛苦和压力等负面因素，也就是说，如何让人生变得更有意义。对如今因为物欲膨胀而对人生感到困惑迷茫的现代人来说，这本书有着重要的指导意义。

好奇心是人类的天性，它像一盏路灯，指引着我们在黑暗中探寻事物的真相，尤其当我们遇到新奇事物或处在新的外部条件下时。它是人类进行学习的内在动机，是个人成长寻求知识的动力。没有了好奇心，人们就会满足于现状而止步不前。但是，人们在成长的过程中，由于环境的影响而慢慢磨掉了自己的好奇心。有记者曾做过“我从哪里来”的调查，结果很多人说小时候被父母告知是“从垃圾堆里捡来的”“胳肢窝里掉下来的”“花两元钱买回来的”“刨地瓜刨出来的”“床底下翻出来的”“石头缝里蹦出来的”……这些五花八门的答案让我们诧异于中国性教育严重缺失的同时，是不是也会让我们注意到孩子们天真好奇的天性是如何被大人们亲手磨灭掉的？而纵观世界上伟大的科学家、政治家、商界成功人士，有哪一位不是在好奇心的驱动下执着于自己的探索征程的呢？所幸，本书让我们能重新思考我们看待世界的方式，反思我们看待自己和他人的视角。

本书作者卡什丹博士本身就是一位充满好奇心的探索者。他在个人网站上的自我介绍中是这样描述自己的：“我的人生就是致力于增加这个世界上的幸福，通过前沿科学帮助人们在生活和事业中发挥并保持最佳状态。”他在本书中描写了自己的一些亲身经历，比如对铅球运动的热爱，从华尔街的金融行业转而投身心理学研究等。他把实验室研究与实例结合起来，从积极心理学的角度对好奇心进行了全面的阐述，极具独创性和前瞻性。

我在此非常感谢湛庐的几位编辑，感谢你们在本书翻译过程中提供的各种帮助，没有你们，翻译过程就不会如此顺利。同时，也要感谢我的同事李兰兰和赵习群，感谢你们为本书的翻译提供了不少颇有建设性的想法和无私的支持。

我虽对译文进行了多次校对修改，但因为时间仓促，水平有限，难免会出现一些错误和问题，在此恳请专家和读者们多多批评指正。

未来，属于终身学习者

我这辈子遇到的聪明人（来自各行各业的聪明人）没有不每天阅读的——没有，一个都没有。巴菲特读书之多，我读书之多，可能会让你感到吃惊。孩子们都笑话我。他们觉得我是一本长了两条腿的书。

——查理·芒格

互联网改变了信息连接的方式；指数型技术在迅速颠覆着现有的商业世界；人工智能已经开始抢占人类的工作岗位……

未来，到底需要什么样的人才？

改变命运唯一的策略是你要变成终身学习者。未来世界将不再需要单一的技能型人才，而是需要具备完善的知识结构、极强逻辑思考力和高感知力的复合型人才。优秀的人往往通过阅读建立足够强大的抽象思维能力，获得异于众人的思考和整合能力。未来，将属于终身学习者！而阅读必定和终身学习形影不离。

很多人读书，追求的是干货，寻求的是立刻行之有效的解决方案。其实这是一种留在舒适区的阅读方法。在这个充满不确定性的年代，答案不会简单地出现在书里，因为生活根本就没有标准确切的答案，你也不能期望过去的经验能解决未来的问题。

而真正的阅读，应该在书中与智者同行思考，借他们的视角看到世界的多元性，提出比答案更重要的好问题，在不确定的时代中领先起跑。

湛庐阅读App：与最聪明的人共同进化

有人常常把成本支出的焦点放在书价上，把读完一本书当作阅读的终结。其实不然。

时间是读者付出的最大阅读成本

怎么读是读者面临的最大阅读障碍

“读书破万卷”不仅仅在“万”，更重要的是在“破”！

现在，我们构建了全新的“湛庐阅读”App。它将成为你“破万卷”的新居所。在这里：

- 不用考虑读什么，你可以便捷找到纸书、电子书、有声书和各种声音产品；
- 你可以学会怎么读，你将发现集泛读、通读、精读于一体的阅读解决方案；
- 你会与作者、译者、专家、推荐人和阅读教练相遇，他们是优质思想的发源地；
- 你会与优秀的读者和终身学习者为伍，他们对阅读和学习有着持久的热情和源源不绝的内驱力。

从单一到复合，从知道到精通，从理解到创造，湛庐希望建立一个“与最聪明的人共同进化”的社区，成为人类先进思想交汇的聚集地，与你共同迎接未来。

与此同时，我们希望能够重新定义你的学习场景，让你随时随地收获有内容、有价值的思想，通过阅读实现终身学习。这是我们的使命和价值。

图书在版编目（CIP）数据

好奇心 /（美）托德·卡什丹著；谭秀敏译．—杭州：浙江人民出版社，2014.7（2021.8 重印）

书名原文：Curious?

ISBN 978-7-213-06157-8

Ⅰ.①好… Ⅱ.①托… ②谭… Ⅲ.①好奇心–通俗读物 Ⅳ.① B848.3–49

中国版本图书馆 CIP 数据核字（2014）第 143581 号

上架指导：心理学 / 畅销书

好奇心

［美］托德·卡什丹　著
谭秀敏　译

出版发行： 浙江人民出版社（杭州体育场路347号　邮编　310006）
市场部电话：（0571）85061682　85176516
集团网址： 浙江出版联合集团　http://www.zjcb.com
责任编辑： 蔡玲平
责任校对： 杨　帆
印　　刷： 石家庄继文印刷有限公司
开　　本： 710 mm × 965 mm　1/16　　**印　　张：** 16.5
字　　数： 255 千　　**插　　页：** 1
版　　次： 2014 年 7 月第 1 版　　**印　　次：** 2021 年 8 月第 2 次印刷
书　　号： ISBN 978-7-213-06157-8
定　　价： 79.90 元